QU'EST-CE QUE LA CONSCIENCE ?

CHEMINS PHILOSOPHIQUES

Collection dirigée par Magali BESSONE et Roger POUIVET

Anna CIAUNICA

QU'EST-CE QUE LA CONSCIENCE ?

PARIS

LIBRAIRIE PHILOSOPHIQUE J. VRIN

6 place de la Sorbonne, V^e

2017

J. Levine, « Omettre l'effet que cela fait », trad. fr. P. Poirier, dans D. Fisette et P. Poirier (éd.), *Philosophie de l'esprit. Problèmes et perspectives*, volume II, Paris, Vrin, 2003.

J.-P. Sartre, « Conscience de soi et connaissance de soi », dans *La transcendance de l'Ego et autres textes phénoménologiques*, © Paris, Vrin, 1965.

© *Librairie Philosophique J. VRIN*, 2017
Imprimé en France
ISSN 1762-7184
ISBN 978-2-7116-2739-4
www.vrin.fr

considèrent que le problème de la conscience coïncide tout simplement avec l'étude empirique du mental et de son support neurobiologique. Entre ces deux extrêmes, d'innombrables variations et nuances ponctuent l'étude de ce phénomène à la fois si familier et si mystérieux. Deuxième difficulté de taille : le concept de conscience désigne une multitude de sens, ce qui rend très difficile un accord définitif sur une définition exhaustive du terme. Ensuite, étant donné que c'est le fait même d'être conscient qui rend possible tout questionnement philosophique, on se voit confronté au redoutable problème de la circularité. À cela s'ajoute l'ineffabilité même du flux de la conscience qui se manifeste sous la forme d'un continuum d'états, impossible à figer dans un cadre immobile. À l'instar du temps, la conscience nous glisse entre les doigts, comme par magie. Ensuite, en supposant que l'on parvienne un jour à la fixer sur une toile de fond stable, la question qui se posera alors sera celle de savoir quelle est la place de l'expérience qualitative, phénoménale, dans le monde physique des atomes et des escaliers. Et la liste des possibles obstacles pourrait continuer sans doute. Difficile dès lors de trouver un consensus et il n'est pas étonnant que des penseurs de toutes époques se sont heurtés à de nombreuses difficultés dans leurs tentatives de jeter un peu de lumière sur cette énigme. Cependant, malgré toutes ces entraves méthodologiques, ce livre repose sur la conviction que bien qu'il n'ait pas été encore percé à jour, le problème de la conscience mérite une attention particulière non seulement de la part des philosophes, mais aussi des scientifiques, et cela en dépit de sa nature privée et qualitative. Avant d'entamer notre périple, quelques précautions préliminaires sont à prendre. La complexité du sujet à l'étude rend illusoire toute prétention d'exhaustivité. Nous aborderons, avec les modestes outils de notre entreprise, certaines des questions qui entourent ce fascinant phénomène, mais nous ne serons absolument pas exhaustifs. Étant donné l'ampleur de la tâche, il serait bien trop long et trop complexe de passer en revue l'histoire du problème de la conscience à travers les différentes époques et courants de pensée. Par conséquent, la méthode que nous allons privilégier ici consiste à présenter quelques angles d'approche possibles, sans entrer dans les détails de nombreux débats passionnants qui continuent d'ailleurs à agiter les esprits des philosophes contemporains.

Cela étant dit, par où commencer? Nous allons essayer d'abord de trouver une définition minimale de la conscience. Dans ce but, revenons à l'expérience de pensée de la chute dans les escaliers et prenons comme point de départ intuitif cette question simple : que perd-on lorsqu'on perd conscience? D'abord, on perd le contrôle volontaire de son propre corps. C'est l'aspect le plus évident : dans des conditions normales, je peux bouger mon bras en pleine conscience de mes actions corporelles. En effet, les organismes qui sont dans un état normal de conscience sont éveillés, attentifs aux stimuli externes et ont un comportement adapté à leur environnement. Par exemple, si j'ai soif, je tends le bras vers un verre d'eau, si j'ai mal je pointe du doigt l'endroit douloureux, etc. Ces manifestations externes de la conscience sont aisément identifiables et mesurables quantitativement. Lorsque je perds conscience, je perds le contrôle de mes actions corporelles. Cependant, on peut imaginer des cas où ce contrôle est perdu, mais la conscience demeure présente : c'est le cas des patients paralysés ou souffrant du syndrome « *locked-in* » et qui, à défaut de se mouvoir, sont bien éveillés. Par exemple, on peut soupçonner que le patient est conscient à la lumière de quelques faibles indices : le regard, l'impression qu'il a peut-être volontairement cligné des yeux. On s'aperçoit ainsi qu'il est conscient et qu'il peut communiquer à travers un code, en clignant des paupières. On s'accorde à dire qu'être éveillé ou vigilant est une condition nécessaire pour être conscient. En effet, l'éveil et la conscience vont souvent de pair, mais cette association peut cesser dans certains cas spécifiques. Par exemple, durant le sommeil onirique, et bien que je ne sois pas éveillée, je peux avoir une conscience résiduelle des expériences éprouvées, d'une angoisse, par exemple, s'il s'agit d'un cauchemar. Le fait que parfois on se souvient de nos rêves prouve qu'un état de conscience quelconque devait être à l'œuvre durant le sommeil onirique. À l'opposé, il y a des cas, notamment au cours des crises d'épilepsie, où le patient reste éveillé tout en étant privé de conscience. Ces « crises d'absence », comme on les appelle, sont accompagnées d'une suspension de la conscience et représentent l'une des caractéristiques les plus troublantes de l'épilepsie. Cela dit, il est vrai que, de façon générale, si l'on ôte l'éveil, on ôte la conscience, comme dans le sommeil profond, l'anesthésie et le coma. Mais être éveillé n'est pas une condition suffisante pour être conscient – l'éveil n'est pas la conscience. Par exemple, les patients en état végétatif paraissent éveillés, mais ne présentent aucun des signes comportementaux habituels de la perception consciente. Ils peuvent avoir des yeux grands ouverts, ils sont susceptibles de faire des grimaces, de sourire, de pleurer ou de bouger automatiquement leurs membres, mais jamais en réponse adaptée à des stimuli externes spécifiques. Il est difficile dès lors d'expliquer à leur famille que ces manifestations externes ne reflètent pas nécessairement un état de conscience. En revanche, les patients en état de conscience minimale font preuve de comportements qui ne sont pas exclusivement réflexes : ils peuvent suivre du regard un objet, sourire à une personne familière, même s'ils sont incapables de communiquer verbalement. Mais on peut imaginer d'autres cas, non pathologiques, de « perte » de conscience, comme celui proposé par D. Armstrong[1] : après une longue et fatigante journée de travail, vous quittez enfin votre bureau, montez dans la voiture, et vous vous mettez en route pour la maison. « Quelle perte de temps toutes ces réunions inutiles – vous pensez. Et quelle idée de caler ces rendez-vous importants le vendredi, quand tout le monde est exténué. Par-dessus le marché, le nouveau stagiaire a l'air un peu perdu. Je devrais peut-être l'aider à s'y retrouver. Ah ! Tiens ! Je suis arrivé à la maison ». Vous vous garez tranquillement lorsque vous réalisez soudain que vous ne vous rappelez pas grand-chose du trajet. Avez-vous conduit *inconsciemment* ?

Malgré ces nombreuses et difficiles questions liées au problème du seuil minimal, des degrés de conscience, ainsi que des rapports entre la perception inconsciente et consciente du monde environnant, on peut avancer provisoirement l'hypothèse selon laquelle un organisme est pleinement conscient s'il est éveillé, alerte, en pleine possession de ses capacités psychologiques et corporelles, capable d'exercer activement et volontairement à la fois la maîtrise de son corps et de son environnement (au lieu d'en subir les effets passivement). Cela exclut

1. D. M. Armstrong, *A Materialist Theory of the Mind*, New York, Routledge and Kegan Paul, 1968.

clairement les états de sommeil, les comas et les autres états psychotiques. Mais à présent, un problème supplémentaire surgit : prenez l'exemple de quelqu'un qui déplace intentionnellement, quoiqu'inconsciemment, un oreiller qui entrave sa respiration durant son sommeil. S'agit-il ici d'une action consciente ou inconsciente ? Peut-on percevoir des stimuli externes et performer des actions *intentionnelles* inconsciemment ?

Afin d'examiner ces aspects, on peut affiner l'angle d'approche et stipuler qu'un organisme est conscient s'il sait que c'est *lui* qui est conscient. Autrement dit, s'il possède une conscience *de soi*. Comme nous le verrons plus loin, la question de la conscience de soi est un sujet ardemment débattu en philosophie : certains considèrent que la conscience de soi implique nécessairement la maîtrise du langage ou des capacités réflexives complexes. Si tel est le cas, alors les animaux et les nouveau-nés ne possèdent pas une conscience de soi. D'autres admettent qu'il existe des formes plus rudimentaires, implicites et préréflexives de conscience de soi qui constituent la base des formes plus sophistiquées. Le défi dans ce cas consiste à expliquer la transition depuis ces formes de conscience de soi rudimentaires vers des capacités autoréflexives plus élaborées. Quoi qu'il en soit, on discerne deux conditions minimales de la conscience, à savoir l'éveil ou la vigilance ainsi que la perception consciente de l'environnement et de soi-même.

Mais ces conditions minimales sont loin d'épuiser la richesse des facettes de la conscience. Pour voir cela, revenons à notre expérience de pensée initiale : la chute dans l'escalier s'accompagne non seulement de l'effort conscient pour retrouver le contrôle de son corps et de l'environnement, mais aussi d'une expérience qualitative, subjective, qui est propre à la sensation de peur ou de douleur, par exemple. Pour reprendre l'expression désormais consacrée de Thomas Nagel[1], on dit qu'un organisme est conscient s'il existe « *un-effet-que-cela-fait* » d'être l'organisme en question. Prenez la tasse de café qui se trouve sur votre bureau et posez-vous la question : quel est l'effet-que-cela-fait d'être une tasse ? Aucun. Un objet en porcelaine, s'accorde-t-on à dire, n'est pas conscient. Mais la question se complique dès qu'on réitère cette stratégie pour l'appliquer aux cas des bactéries, des méduses, des chats ou plus récemment, des ordinateurs. Si vous pensez qu'il existe un effet-que-cela-fait d'être une méduse, alors vous admettez, par ricochet, qu'elle est consciente. De plus, étant donné qu'une méduse est capable d'exercer activement la maîtrise de son environnement au lieu de le subir passivement, il s'ensuit, conformément à la définition mentionnée plus haut, qu'elle est consciente. Certains auteurs ont proposé alors d'affiner encore plus les critères de définition afin de rendre justice à l'intuition selon laquelle les états conscients d'un être humain sont d'une nature spéciale. Par exemple, A. Damasio[2] distingue entre la « conscience-noyau » qui dote l'organisme d'un sentiment de soi relativement à un moment, *maintenant*, et relativement à un lieu, *ici* ; et la conscience-étendue, qui dote l'organisme d'un sentiment élaboré de soi – une identité et une personne capable de se rappeler son passé

---

1. T. Nagel « Quel effet cela fait d'être une chauve-souris ? », trad. fr. P. Engel et C. Engel-Tiercelin dans T. Nagel, *Questions mortelles*, Paris, P.U.F., 1983.
2. A. Damasio, *Le sentiment même de soi : corps, émotions, conscience*, Paris, Odile Jacob, 1999.

et de se projeter dans le futur. De son côté, N. Block[1] propose de distinguer entre la « conscience d'accès » et la « conscience phénoménale ». Le côté qualitatif de l'expérience subjective constitue un des aspects les plus mystérieux et les plus controversés et à ce titre il a fait l'objet d'une abondante littérature au cours des dernières décennies sous l'étiquette de « problème difficile »[2] de la conscience phénoménale.

Une autre aptitude remarquable, un des plus beaux fleurons de la condition humaine, est la conscience morale et esthétique, ainsi que le libre arbitre. Cette capacité de s'élever au-dessus des simples dispositions biologiques liées à la survie de l'organisme afin d'élaborer des lois et des idéaux esthétiques et éthiques, et dont la fonction est de réguler le comportement humain au sein de la société et d'en créer du sens, constitue une des facettes les plus fascinantes de la conscience. Il n'est pas étonnant dès lors que l'existence même de ce type de conscience semble avoir préoccupé les philosophes bien avant la question de savoir quel est son support matériel. Cependant, cette spécificité de la condition humaine vient avec un prix : comme le disait le romancier F. Dostoïevski[3], la conscience est inextricablement liée à la souffrance morale :

> La souffrance! mais c'est l'unique cause de la conscience! (…) la conscience, à mon avis, est un des plus grands maux de l'homme ; mais je sais que l'homme l'aime et ne l'échangera contre nulle satisfaction, quelle

1. N. Block « On a confusion about a function of consciousness », *Behavioural and Brain Sciences* 18, 1995, p. 227-287.

2. D. Chalmers, *L'esprit conscient – à la recherche d'une théorie fondamentale*, trad. fr. S. Dunand, Paris, Ithaque, 2010.

3. F. Dostoïevski, *Le sous-sol*, Paris, Gallimard, 1956, p. 163.

qu'elle soit. La conscience, par exemple, est infiniment supérieure à "deux fois deux : quatre".

Certains, comme A. Damasio[4], vont encore plus loin et affirment que la conscience est la seule source du drame de la condition humaine parce qu'elle repose sur un marché faustien que nul d'entre nous n'a conclu, et où il aurait fallu choisir entre la possibilité d'une existence meilleure et l'innocence où nous étions de cette existence. Dans tous les cas, qu'elle soit une malédiction ou une bénédiction pour la condition humaine, cette manifestation hautement complexe de l'esprit, qui ne se retrouve ni chez les animaux, ni chez les très jeunes enfants[5], repose sur deux autres aspects essentiels de la vie mentale de l'individu, à savoir la *réflexivité* et le *langage articulé*. La réflexivité désigne la capacité du sujet de se prendre lui-même comme objet de pensée afin d'inspecter délibérément le cours de ses idées, ses états corporels et son comportement et d'en former des pensées d'ordre supérieur. Toujours dans notre exemple de la chute dans l'escalier, on peut imaginer une situation où l'on se remémore consciemment les gestes ayant amené à l'accident afin de les rapporter au médecin ou à nos amis. On peut également en tirer une comédie ou une tragédie, selon le cas. Ces types de situations, aussi banales soient-elles, exigent la manipulation consciente de représentations qui portent sur d'autres représentations : les métareprésentations. Cette aptitude s'accompagne chez les humains de la capacité de

---

4. A. Damasio, *Le sentiment même de soi op. cit.*, p. 402.
5. Pour une discussion plus détaillée concernant la notion complexe de « conscience de soi » pré-réflexive et réflexive, se rapporter au texte et commentaire du texte 2.

rapporter verbalement le contenu des pensées. Mais on peut se demander si ces deux capacités vont de pair. En effet, la question de savoir si seuls les êtres dotés de langage – et donc susceptibles, du moins en principe, de communiquer leurs pensées à autrui – sont capables de conscience réflexive, introspective, reste âprement débattue.

Phénomène à la fois familier et mystérieux, la conscience recouvre ainsi des sens divers, allant des aspects plus primitifs, corporels, que les humains partagent avec les animaux, et jusqu'aux modes plus sophistiqués, réflexifs, métacognitifs et éthiques propres à l'intelligence humaine. Cette complexité constitue un obstacle de taille à l'étude du phénomène de la conscience et il y a toujours risque de confusion dans la littérature quand on parle de la conscience sans préciser à laquelle de ses nombreuses facettes on veut faire référence. Il est donc important, avant de se lancer dans l'étude rigoureuse de ce phénomène d'en proposer une brève analyse conceptuelle incluant ses traits les plus caractéristiques. Après un bref survol de ces traits et après une tentative pour circonscrire plus en détail les différentes formes de la conscience, nous allons passer en revue les différentes tentatives de trouver une place de la conscience dans le monde naturel et de circonscrire son support matériel : le cerveau.

LES CARACTÉRISTIQUES DE LA CONSCIENCE

Subjectivité et intentionnalité

S'il est une chose sur laquelle tout le monde est d'accord c'est bien cette propriété remarquable de la conscience de nous garantir un accès privé, unique et subjectif à nous-mêmes, à nos pensées, émotions, souvenirs, espoirs, à tout ce qui nourrit et définit notre vie mentale à travers le temps. La prise de conscience du fait même que nous sommes les sujets de cette expérience, c'est le fait le plus primitif et le plus concret auquel nous sommes confrontés en tant que sujets de l'expérience, comme l'a fort bien souligné W. James[1]. L'accès que nous avons à nos propres états et contenus mentaux, associé à une certaine capacité à les communiquer à autrui, s'appelle *introspection*, ou point de vue en première personne. C'est ainsi que tous nos jugements subjectifs traduisibles *via* des expressions indexicales comme « je », « ici », « maintenant » peuvent être évalués relativement au mode centré sur le sujet qui émet le jugement. Incontestablement, il s'agit ici d'un trait à la fois familier et spectaculaire. Familier parce qu'il suffit que j'inspecte mes expériences et pensées pour que je sache que ce sont *mes* expériences et pensées. Spectaculaire parce que malgré le fait que le monde environnant semble s'ordonnancer à partir du point de vue d'un *sujet* – le soi – ce dernier se projette sous un mode spatialement et temporellement déterminé, évoluant et s'intégrant dans un monde peuplé d'objets et d'entités étrangères au soi. Bien que liés au sujet individuel, ces états ont la propriété de « viser un objet ou un état de choses en dehors de cet individu »[2]. En effet, on s'accorde à dire que les états mentaux conscients ont la propriété de renvoyer à quelque chose, d'être dirigés vers un état de choses, bref, d'être *intentionnels*. Pour reprendre notre exemple initial : lorsqu'on vous interroge sur votre mésaventure, vous dites que vous êtes sorti de

---

1. W. James, *Psychology*, New York, Henry Holt and Co., 1910.
2. J. Dokic, « Philosophie de l'esprit », dans P. Engel, *Précis de philosophie analytique*, Paris, P.U.F., 2000, p. 47.

la maison parce que vous aviez *l'intention* d'acheter du pain, que vous êtes tombé parce que vous avez *cru* (à tort) que la marche était plus large qu'elle ne l'était, etc. Une grande partie des concepts psychologiques que nous employons dans la vie de tous les jours sont des concepts d'états intentionnels tels que croyances, désirs, intentions, perceptions, etc., et qui sont appelés « attitudes propositionnelles » parce qu'elles renvoient à un contenu propositionnel ou représentationnel évaluable. Par exemple, la croyance « la marche des escaliers est à 25 cm de mon pied » peut être vraie ou fausse, ce qui peut entraîner des conséquences fatales pour notre survie. Certains auteurs, comme F. Brentano [1], affirment que l'intentionnalité est la marque essentielle de l'esprit, d'autres accordent ce privilège à la conscience. Le problème de l'intentionnalité étant fort complexe, nous n'aborderons pas cette question ici, d'autres [2] s'y sont déjà attelés. Notons cependant qu'un défi majeur pour toute doctrine philosophique est la question de la transition entre les états subjectifs, intentionnels et le monde externe, objectif. En effet, par quel moyen miraculeux la conscience arrive-t-elle à jeter un pont reliant l'intimité subjective, introspective, du monde privé du soi au monde environnant ? En réponse à ce défi, certains auteurs proposent d'abandonner tout simplement l'introspection comme méthode viable pour aborder le phénomène de la conscience. Selon D. Dennett [3] une science de la conscience en première personne est une

---

1. F. Brentano, *Psychologie du point de vue empirique*, trad. fr. M. de Gandillac, revu par J.-Fr. Courtine, Paris, Vrin, 2008.

2. Voir V. Aucouturier, *Qu'est-ce que l'intentionnalité*, Paris, Vrin, 2012.

3. D. Dennett, *La conscience expliquée*, trad. fr. P. Engel, Paris, Odile Jacob, 1993.

discipline sans méthode, sans données, sans résultats, sans avenir et sans promesses, bref, une pure fantaisie. Comme le dit A. Comte :

> L'individu pensant ne saurait se partager en deux, dont l'un raisonnerait, tandis que l'autre regarderait raisonner. L'organe observé et l'organe observateur étant, dans ce cas, identique, comment l'observation pourrait-elle avoir lieu ? Cette prétendue méthode psychologique est donc radicalement nulle dans son principe [1].

Cela pose un sérieux défi. En effet, comme le notent S. Gallagher et D. Zahavi [2], si nous adoptons les prémisses suivantes : a) la conscience est un phénomène intrinsèquement en première personne ; b) les sciences de la nature emploient uniquement des données expérimentales en troisième personne ; c) toute introspection ou tentative de transformer des données subjectives, introspectives, dans des données en troisième personne échoue, car elle modifie les objets qu'elle vise, alors la conclusion selon laquelle on ne peut pas édifier une science de la conscience *per se* semble inévitable.

Parmi les différentes solutions envisageables, la plus radicale consisterait à jeter l'éponge et admettre que le projet de fonder une science rigoureuse de la conscience est illusoire. À l'opposé, on peut soutenir que toute approche scientifique, aussi rigoureuse soit-elle, ne peut pas se passer de l'introspection qui est souvent utilisée dans les laboratoires sous une forme

---

1. A. Comte. *Philosophie première. Cours de philosophie positive*, Paris, Hermann, p. 34.
2. S. Gallagher, D. Zahavi, *The Phenomenological Mind : An Introduction to Philosophy of Mind and Cognitive Science*, New York, Routledge, 2008, p. 14.

déguisée, comme dans l'utilisation des rapports verbaux ou des questionnaires auxquels les participants aux expériences empiriques sont soumis. Il serait bien trop long et complexe de reprendre ce débat ici. Notons, pour l'heure, que le développement des neurosciences cognitives permet aujourd'hui de suppléer les données obtenues via l'introspection avec des recherches qui relient certaines anomalies de l'expérience consciente à des lésions cérébrales précises, et qui peuvent nous révéler ainsi des aspects de nos expériences subjectives qui échappent habituellement à l'introspection, aussi rigoureuse soit-elle.

La tradition phénoménologique s'est penchée longuement sur les corrélations entre les structures spécifiques de la subjectivité et les modes d'apparence et de présentation. Selon E. Husserl, J.-P. Sartre, M. Henry, nous sommes conscients de ce que nous éprouvons – sans nécessairement utiliser l'introspection explicite – précisément parce que nous avons un sens préréflexif, implicite, non-objectivant de notre propre expérience vécue [1]. Par exemple, lorsque je vois une lumière, je suis par là même conscient de la voir. La conscience n'est pas fondée sur le fait de focaliser introspectivement mon attention de manière réflexive sur un état de choses : au contraire, la conscience préréflexive est enchâssée dans l'expérience. Le fait de mettre l'accent sur le lien intrinsèque qui existe entre conscience et conscience de soi a permis aux phénoménologues de donner à la subjectivité une place essentielle dans l'étude du mental.

---

1. Nous reviendrons plus en détail sur ce point lorsque nous aborderons la question de la conscience de soi, ainsi que dans le commentaire du texte 2.

Unité et continuum de la conscience

Lorsque vous lisez ce livre, vous êtes conscient non seulement du contenu des idées qui y sont formulées, mais vous avez également et simultanément d'autres expériences : celles du toucher du papier, de la couleur des lettres imprimées, peut-être aussi de l'expérience olfactive de l'arôme du café ou celle auditive des voisins qui se disputent. Même si chacune de ces expériences possède un trait qualitatif distinct – l'arôme du café vous enchante, le bruit des voix vous irrite – elles sont toutes étroitement liées les unes aux autres, formant ainsi l'expérience unitaire de la lecture d'un livre – votre expérience consciente. Cette prise de vue sur le monde présente, à chaque instant, un caractère intégré. Toutes nos expériences présentes et passées sont vécues de cette façon unitaire, comme appartenant à un seul et même sujet : nous-mêmes. Descartes [1] s'est longuement penché sur cet aspect de la conscience et en a tiré un argument en faveur du dualisme : l'esprit n'ayant pas de parts il ne peut pas être fait de matière, car la matière est visiblement faite de parts. Il serait bien trop long de s'arrêter sur les racines du problème de l'unité de la conscience à travers les différents courants de pensée. Pour n'en dire que quelques mots, notons qu'un débat oppose dans la philosophie de l'esprit contemporaine les tenants de la théorie *composite* des états expérientiels selon laquelle une expérience consciente est composée d'autres expériences conscientes ; et la théorie *non-composite* des états expérientiels selon laquelle une expérience consciente possède un contenu ou objet complexe, mais elle n'est pas divisée en plusieurs fragments expérientiels.

---

1. R. Descartes, *Méditations métaphysiques*, Paris, Vrin, 1976.

Par exemple, T. Bayne et D. Chalmers[1] défendent l'hypothèse selon laquelle dans le cas d'une expérience conscience unifiée – la lecture d'un livre, par exemple – des expériences particulières distinctes (le toucher des pages, la perception visuelle des lettres, etc.) composent l'expérience plus complexe qu'est la lecture consciente d'un ouvrage et qui possède une qualité phénoménale propre. Il existe un effet-que-cela-fait de lire un bon ou un mauvais roman qui est distinct de l'effet que cela fait de tourner les pages ou de percevoir des lettres. D'autre part, M. Tye[2] soutient que les différentes expériences que nous éprouvons simultanément possèdent un seul contenu phénoménal qui est le contenu d'une expérience unique et non-composite. Une position dans la même veine a été défendue par A. Brook[3] dans sa théorie de la conscience conjointe selon laquelle le fait d'éprouver un aspect d'un état expérientiel ouvre la conscience vers l'expérience d'autres aspects qui sont finalement perçus comme un tout unitaire – la lecture d'un livre. Une autre méthode de caractériser l'unité de la conscience en termes d'états localisés serait de faire appel à une relation appelée habituellement « co-conscience ». Selon W. James[4], lors d'une expérience consciente

1. T. Bayne, D. Chalmers, « What is the unity of consciousness? » dans A. Cleeremans (ed.), *The Unity of Consciousness : Binding, Integration, Dissociation*, Oxford, Oxford University Press, 2003, p. 27.

2. M. Tye, *Consciousness and Persons : Unity and Identity*, Cambridge, MA, MIT Press, 2003.

3. A. Brook, *Kant and the Mind*, New York, Cambridge University Press, 1994.

4. W. James, 1909. « A pluralistic universe », dans *Essays in Radical Empiricism and A Pluralistic Universe*, Gloucester, MA, P. Smith, 1967.

unifiée des états de choses A, B et C nous sommes co-conscients de A, B et C. Pour reprendre notre exemple, lorsque je lis un livre, je suis co-conscient à la fois de l'expérience tactile du toucher du papier, de l'expérience visuelle de la lumière, d'un chatouillement sur la nuque, etc. Il est possible donc de distinguer plusieurs types d'unité, à savoir : 1) la conscience unifiée des objets individuels, comme un livre, un chat, un arbre, etc. ; 2) la conscience unifiée des contenus d'expérience : lorsque je travaille à mon ordinateur, je suis conscient à la fois de la position de l'écran, ainsi que de celle de la voiture qui est garée juste en face de ma fenêtre. Si l'expérience de ces deux contenus perceptuels n'était pas consciente, je ne pourrais pas comparer la façon dont ils se présentent dans mon champ visuel et répondre aux questions de type : « Est-ce que la voiture apparaît à gauche ou à droite de votre ordinateur ? » ; 3) Enfin, la conscience unifiée et cohérente de soi désigne le fait que nous sommes conscients de nous-mêmes en tant que sujets non seulement des diverses expériences d'ici et maintenant, mais aussi des expériences similaires que nous avons eu dans le passé et de celles à venir : c'est le même « je » qui a lu un chapitre de ce livre hier et qui a l'intention de le lire demain également. À nouveau, des auteurs comme D. Hume [1], D. Rosenthal [2] et D. Dennett [3] rejettent cette dernière forme d'unité de la conscience. Leurs objections se cristallisent autour des trois points suivants : a) l'attribut « état conscient unifié » s'applique

1. D. Hume, *Traité de la nature humaine*, trad. fr. A. Leroy, 2 volumes, Paris, Aubier Montaigne, 1946.

2. D. Rosenthal, « Unity of consciousness and the self », *Proceedings of the Aristotelian Society*, 103, 2003, p. 325–352.

3. D. Dennett, *La conscience expliquée, op. cit.*

à moins d'états expérientiels qu'on ne le pense); b) la conscience est un phénomène moins unitaire qu'on ne le pense; c) plus radicalement, aucun de nos états conscients n'est véritablement unifié.

En effet, il est possible de remettre en cause l'idée que nous avons une conscience unifiée du monde qui nous entoure. Par exemple, C. Simons et D. Chabris[1] ont mis au point une expérience ingénieuse qui leur a valu le prix Nobel de psychologie en 2004. Ils ont demandé à leurs participants de regarder sur un écran un match de basket et de compter le nombre de passes faites par les joueurs en blanc. Une fois la tâche accomplie, on les a interrogés s'ils n'avaient rien vu d'étrange sur l'écran. Les participants ont majoritairement répondu « non ». Or, lorsqu'on leur a présenté encore une fois le film, ils ont remarqué stupéfaits que vers la 30e seconde, un homme déguisé en gorille entre dans leur champ visuel par la droite, se dirige nonchalamment vers le centre où il s'arrête pendant quelques instants pour se battre la poitrine des deux poings, avant de reprendre sa marche vers la gauche pour enfin sortir du champ. Comment se fait-il que les sujets ne perçoivent pas un stimulus visuel aussi massif, durable et incongru, que ce gorille apparaissant pendant plusieurs secondes dans leur champ visuel? Nous avons affaire à ce qu'on appelle *l'illusion de complétude visuelle*[2] ou *la cécité au changement* : lorsqu'on regarde une scène visuellement riche en informations, nous accédons consciemment à

---

1. Voir S. Chabris, D. Simons, *The Invisible Gorilla*, London, Harper Collins, 2010.
2. Voir R.A. Rensink, J.K. O'Regan, J.-J. Clark, « To see or not to see : the need for attention to perceive changes in scenes », *Psychological Science* 8, 1997, p. 368-373.

certains objets et traits de cette scène que nous pouvons rapporter par la suite. Cette expérience s'accompagne de la conviction que nous percevons *l'ensemble* de la scène visuelle. Cependant, si l'on y modifie un détail, parfois majeur, de la même scène, le sujet percevant peut demeurer aveugle à ce changement, tout en étant persuadé qu'il perçoit consciemment le *même* ensemble.

Cette propriété est étroitement liée à ce qu'on appelle le « flux » ou le « continuum » de l'expérience. Surgissant depuis l'intérieur de notre vie mentale et nourri par le monde extérieur, chaque instant de notre expérience découle naturellement de ceux qui le précèdent, s'articulant autour du support biologique qu'offre le corps. Certains auteurs proposent d'élargir cette structure sous-jacente au-delà du corps individuel, afin d'y inclure son environnement physique et social immédiat. Ils définissent ainsi le continuum de la conscience en termes d'*autopoïèse*[1], à savoir la capacité d'un système de s'auto-organiser et se produire lui-même, en interaction permanente avec son environnement. Cette approche met l'accent sur l'aspect dynamique, relationnel de la conscience qui est au cœur des approches *enactives* dans la philosophie de l'esprit contemporaine.

LES FORMES DE LA CONSCIENCE

Phénomène à multiples facettes, la conscience se manifeste sous un riche éventail de formes. Pour le sens commun, la conscience est avant tout associée au cycle réveil/sommeil sans rêves. En effet, c'est le sens

---

1. F. Varela, H. Maturana, *Cognition and Autopoiesis*, Dordrecht, D. Reidel, 1980.

le plus familier : nous sommes conscients lorsque nous sommes éveillés et en pleine possession de nos capacités intellectuelles et corporelles. Cet état d'éveil qui sous-tend à la fois le contrôle des actions corporelles et la perception adéquate de l'environnement, constitue le socle minimal de la conscience. Toutefois, des recherches récentes [1] sur l'état végétatif – un éveil *sans* conscience – montrent combien la question des limites de la perception consciente est incertaine et mérite d'être approfondie, surtout lorsqu'il s'agit d'encadrer les patients ayant subi de multiples lésions cérébrales. On peut néanmoins s'appuyer sur cette condition minimale qui relie la conscience à l'état d'éveil afin d'en distinguer plusieurs de ses formes.

Conscience d'accès et conscience phénoménale

Suivant une terminologie proposée par N. Block [2] on peut contraster dans un premier temps la *conscience d'accès* et la *conscience phénoménale*. La conscience d'accès désigne le traitement perceptuel et cognitif des informations nécessaires au bon fonctionnement de l'organisme. Dans cette acception, un état est conscient si, en vertu du fait que l'on est dans cet état, l'information qui y est contenue/représentée est immédiatement et directement disponible, accessible, à tous les autres processus et traitements cognitifs sous-jacents, permettant ainsi le contrôle explicite et rationnel de l'action, de la pensée et de la communication verbale. Notons que cet accès varie en fonction du « dialogue » entre l'organisme

1. Voir S. Dehaene, *Le code de la conscience*, Paris, Odile Jacob, 2014.

2. N. Block, « On a confusion about a function of consciousness », art. cit.

et son milieu. Dans notre exemple de la chute dans l'escalier, la perception consciente de la position de la balustrade la plus proche de votre bras – dans le but de vous y agripper et retrouver ainsi l'équilibre – est prioritaire sur la perception consciente de la couleur de la balustrade, disons. En revanche, si vous visitez le même escalier en potentiel locataire ou acquéreur, la couleur de la balustrade peut retenir toute votre attention. Ainsi, les informations issues du traitement perceptuel et cognitif sont mises à la disposition de l'organisme dans ce qu'on appelle un « théâtre de la conscience » qui est étroitement lié aux concepts d'attention, de mémoire et d'« espace de travail » selon l'expression de B. Baars[1]. Une fois mises en scène, ces données deviennent une sorte de « célébrités cérébrales » pour reprendre la métaphore de D. Dennett[2], prêtes à être enrôlées dans des actions concrètes, nécessaires à la survie de l'organisme. Notons que ce type d'accès informationnel, que l'on retrouve chez les jeunes enfants prélinguistiques, ainsi que chez bon nombre d'animaux, n'est pas nécessairement explicite ou l'objet d'un compte rendu verbal. En effet, cette forme de conscience ne nécessite pas une capacité de représentation d'ordre supérieur : elle accompagne spontanément, pour ainsi dire, le fonctionnement d'un organisme. Lors d'une chute, vous essayez consciemment de vous agripper à la balustrade sans nécessairement penser ou énoncer « Tiens ! Je tombe, donc je dois m'agripper à la balustrade ». L'accès à ce

---

1. Voir B.J. Baars, *A Cognitive Theory of Consciousness*, Cambridge, Cambridge University Press, 1988. B.J. Baars, *In the Theatre of Consciousness : the Workspace of the Mind*, New York, Oxford University Press, 1997.

2. D. Dennett, *La conscience expliquée, op. cit.*

type d'information, direct et immédiat, peut être teinté d'émotions (peur, soulagement, joie, etc.) et influence automatiquement à la fois notre comportement et nos pensées.

Si la conscience d'accès désigne le contenu d'une représentation mentale, *la conscience phénoménale* désigne l'aspect qualitatif de l'expérience vécue. Qu'est-ce qu'une qualité phénoménale ? Pensez à l'effet que cela vous fait d'entendre un air d'opéra mozartien, ou de déguster un bon verre de vin rouge, ou de marcher pieds nus dans le sable brûlant, ou de contempler un champ de coquelicots. Toutes ces facettes expérientielles privées et qualitatives qui accompagnent notre sentir immédiat correspondent à ce qu'on appelle les traits phénoménaux de la conscience ou les *qualia*, dans le jargon philosophique. À nouveau, il serait bien trop complexe de fournir un examen approfondi de ce problème vaste et difficile[1]. Pour n'en dire que quelques mots, soulignons que les débats contemporains oscillent entre ceux qui regardent les qualia comme des propriétés *intrinsèques* de l'expérience et ceux qui les regardent comme des propriétés *relationnelles*. Les premiers doivent affronter le défi de les intégrer dans une conception naturaliste du réel, tandis que les seconds doivent être en mesure de fournir une théorie relationnelle satisfaisante, ce qui reste une tâche ardue. Avant d'aller plus loin, on voit déjà se profiler une évidente difficulté définitionnelle, car cette bipartition nous oblige non seulement à préciser qu'est-ce que pour une propriété d'être *intrinsèque* ou *relationnelle*, mais aussi de tracer avec netteté la

---

1. Pour une discussion plus détaillée, se référer au commentaire du texte 1.

frontière qui sépare, dans la caractérisation d'un objet ou d'un état, la classe de ses propriétés intrinsèques (de premier ordre) de celle des propriétés relationnelles (de second ordre). Il est naturellement difficile de dresser ici un compte rendu exhaustif des différentes variantes définitionnelles élaborées au fur et à mesure que la situation philosophique des *qualia* est devenue un sujet philosophique brûlant. Réduits à leur plus simple expression, les *qualia* sont des qualités sensorielles (sensibles) que l'on associe habituellement à l'expérience phénoménale, autrement dit, à des modes privés d'expérience sous lesquels le monde se présente à nous. Traditionnellement, l'étude des *qualia* est étroitement liée aux théories représentationnelles classiques de la perception, dont l'origine remonte au moins jusqu'à J. Locke[1] et à sa théorie des idées. Selon Locke, l'être humain ne jouit pas d'un accès direct, dans la perception, des objets externes. La perception du monde extérieur est rendue possible *via* les idées et les images sensibles qui, elles, et elles seulement, ont la capacité et le pouvoir de représenter les choses extérieures. Dans cette conception, les *qualia* ne sont rien d'autre que les propriétés que ces idées sensibles projettent sur l'écran intérieur de l'esprit. Pour donner un exemple : lorsque je perçois un rubis, l'idée sensible du rouge se présente à mon esprit sous la forme d'une photo-image, les *qualia* étant dans ce cas les propriétés de *cette* photo-image interne, et non pas de l'objet extérieur proprement dit, en occurrence, du rubis. Sous cet angle, l'expression de « peinture mentale »

---

1. J. Locke, *Essai sur l'entendement humain*, trad. fr. J.-M. Vienne, Paris, Vrin, 2001.

(*mental paint*) proposée par N. Block[1] capte fidèlement la manière dont ce type de *qualia* est supposé projeter, sur l'écran intérieur de l'esprit humain, les objets du monde extérieur.

D'autre part, on utilise le terme « *qualia* » pour désigner les propriétés intrinsèques des états mentaux ou des objets auxquels nous avons un accès non-inférentiel et direct, et dont nous en faisons l'expérience sous le mode d'une connaissance immédiate. Ces types de *qualia* privés et ineffables sont habituellement évoqués pour désigner le caractère distinctif des expériences subjectives de type « l'effet-que-cela-fait », mais il serait une erreur grossière de les réifier. Les *qualia* font partie, certes, de l'ameublement du monde, mais non pas à la manière des escaliers ou des chats. Enfin, d'aucuns proposent, à la suite de Dennett[2] de se débarrasser des *qualia* tout court, qu'il tient pour des vestiges d'une conception démodée de la vie mentale. Tandis que d'autres, comme N. Nelkin[3] et D. Rosenthal[4], vont encore plus loin et sacrifient l'idée selon laquelle les *qualia* seraient intrinsèquement liés à des états *conscients*. Dans ce cas, les *qualia* sont traités comme des propriétés des états perceptuels qui peuvent se manifester *même en absence* d'un accès conscient explicite. Par exemple, un passant absorbé dans la lecture d'un journal peut s'arrêter au feu du passage-piétons

1. N. Block, « Mental paint and mental latex », *in* E. Villanueva (ed.) *Perception*, Atascadero, CA, Ridgeview, 1996.

2. D. Dennett, « Quining qualia », *in* W. Lycan (ed.), *Mind and Cognition – A Reader*, Oxford, Blackwell, 1990.

3. N. Nelkin, « Unconscious sensations », *Philosophical Psychology*, 2, 1989, p. 129-141.

4. D. Rosenthal, « The independence of consciousness and sensory quality », *in* E. Villanueva (ed.), *Consciousness*. Atascadero, CA, Ridgeview Publishing, 1991.

affichant rouge, et continuer au vert, sans qu'il ait pour autant un accès explicitement conscient et dirigé vers les qualités sensibles qui sous-tendent ses expériences de rouge et respectivement, de vert. Les qualités sensibles des couleurs rouge et vert peuvent être ainsi considérées comme des simples propriétés de nos états perceptuels nous aidant à percevoir une tomate mûre comme étant plus proche de la couleur d'une orange sanguine, disons, que de celle d'une courgette.

Conscience de soi et conscience réflexive

Confrontés à notre image spéculaire, nous manifestons cette aptitude remarquable à se reconnaître soi-même : je peux, par exemple, reconnaître que ce visage est le mien, malgré les ecchymoses causées par ma chute dans l'escalier. Ensuite, consciente de l'effet que son image peut éveiller, une personne peut apporter un soin particulier à son apparence. Plusieurs études expérimentales ont révélé la présence d'un déclic qui se produit dans le développement des enfants à partir de leur quinzième mois environ et qui leur permet de se reconnaître dans un miroir, et par ricochet, de se découvrir comme un objet dans le regard des autres. L'expérience[1] la plus connue consiste à appliquer, à l'insu des enfants, une marque de rouge sur leur front. Jusqu'à un an et demi, les enfants effectuent des mouvements synchronisés d'exploration du miroir, tandis qu'après cet âge, l'enfant confronté à son image spéculaire porte rapidement la main à son front et en

---

1. M. Lewis, J. Brooks-Gunn, « Le développement de la reconnaissance de soi », dans P. Mounoud, A. Vinter (éd.), *Textes de base en psychologie : La reconnaissance de son image chez l'enfant et l'animal,* Neuchâtel, Delachaux et Niestlé, 1981, p. 111-154.

efface la marque de rouge, tout en manifestant de la gêne, indice non seulement du fait qu'il s'est reconnu, mais aussi d'une préoccupation liée à son image-réputation à « sauver » aux yeux d'autrui. Le plus souvent on entend par conscience de soi l'aptitude qu'a le sujet à porter une attention sur sa propre personne, à se prendre lui-même comme objet de pensée, bref à s'identifier en tant que soi. Qu'est-ce que le soi? Question vaste et complexe, le soi, *self*, est au cœur d'une abondante littérature de recherche à la fois dans la philosophie de l'esprit contemporaine et dans les sciences cognitives qu'il serait trop long de détailler ici[1]. On se bornera à souligner quelques aspects fondamentaux.

Nous avons vu qu'à la question « que perd-on lorsqu'on perd conscience? » la réponse la plus intuitive qui nous vient à l'esprit est : le contrôle de notre propre corps. En effet, de nombreuses recherches récentes accordent au corps un rôle fondamental dans la constitution du soi. Ce centre expérientiel autour duquel s'organisent nos perceptions corporelles est souvent appelé « soi écologique »[2] ou « proto-soi »[3] et correspond *grosso modo* à une perception, d'instant en instant, de nos états sensoriels, proprioceptifs et émotionnels. Cette forme basique de conscience que nous la partageons avec bon nombre d'animaux et qui permet de prendre la mesure de la situation dans laquelle nous nous trouvons sert de base au développement du *soi réflexif*. En effet, à la différence de la capacité de se reconnaître soi-même

---

1. Pour une discussion plus détaillée, voir commentaire texte 2.

2. U. Neisser, « Criteria for an ecological self » *in* P. Rochat (ed.), *The self in infancy : theory and research*, Amsterdam, Elsevier, p. 17-30.

3. A. Damasio, *Le sentiment même de soi, op. cit.*

dans un miroir, que nous partageons avec les primates supérieurs[1], la capacité d'accéder à des informations qui concernent notre propre personne, qu'il s'agisse de traits psychologiques ou d'épisodes biographiques, est une qualité spécifiquement humaine, sous-tendue par un vaste réseau de mécanismes cognitifs. Le soi se nourrit graduellement de l'interaction avec l'environnement social et physique pour devenir peu à peu une conscience de soi d'ordre supérieur, réflexive ou autobiographique. De nombreux programmes de recherche contemporains s'articulent autour du problème de l'ontogénèse des états conscients afin d'illustrer comment des formes de conscience de soi plus élaborées émergent à partir de ses bases corporelles, primitives. Plusieurs questions sous-tendent ces débats : quelle est la relation du corps au soi ? Le soi est-il *dans* le corps ou le soi est-il *le* corps ? Le soi est-il conçu comme *objet* ou *sujet* de la conscience ou les deux ? À nouveau, il serait trop long et trop complexe d'exposer ici en détail cette problématique. On peut brièvement noter le contraste entre : a) le soi conçu comme une entité mentale logée ou située dans le corps – dans ce cas, les états mentaux relatifs au soi seraient simplement corrélés à des états corporels (notamment cérébraux) ; et b) le soi conçu comme une entité qui *est* (partiellement) le corps. Autrement dit, la conscience corporelle n'est pas une forme dérivée d'une conscience de soi purement mentale, la conscience d'*un* corps. Au contraire, elle est une forme authentique de conscience de soi, un *soi corporel*[2].

1. G.G. Gallup, « Self-awareness in primates », *American Scientist* 67, p. 417-421.
2. Voir D. Legrand, « Le soi corporel », *L'évolution psychiatrique* 70, 2005, p. 709-719.

On a proposé également de distinguer entre cette forme primitive, corporelle, de conscience de soi – qui n'est pas, à proprement parler une conscience de soi, mais plutôt un *sentiment de soi* – et la conscience de soi proprement dite qui implique nécessairement la maîtrise du *concept* de soi à travers la constitution des représentations plus ou moins véridiques de nos propres attributs physiques et psychologiques. Autrement dit, les sujets dotés d'un proto-soi ne sont pas à proprement parler « conscients de soi », bien qu'ils aient un analogue non-conceptuel de la conscience de soi comme le « sentiment de soi » ou le « schéma corporel ». On contraste ainsi l'usage transitif et intransitif du terme « conscient », à savoir le fait d'être conscient *de* quelque chose et le fait d'être conscient tout court ou *simpliciter* (plutôt qu'inconscient). Par exemple, pour descendre un escalier avec succès, mon chat et moi nous devons être dans un état d'éveil, plutôt que dans un état de sommeil ou de coma. Cependant, je peux être conscient du fait que *c'est moi* qui descends les escaliers, tandis que mon chat est incapable d'entretenir ce type de pensée. D. Rosenthal a défendu l'idée que « la conscience se doit d'être une propriété relationnelle, par exemple la propriété de s'accompagner de pensées d'ordre supérieur. Un quelconque processus causal doit donc servir d'intermédiaire entre les états mentaux et la conscience qu'on en a »[1].

Non qu'il n'y ait d'autres états de conscience plus basiques, que l'on pourrait appeler « sentiments de soi », mais seuls peuvent être dits états de conscience de soi à

---

1. D. Rosenthal, « Deux concepts de conscience », trad. fr. D. Ipperciel, dans D. Fisette, P. Poirier (éd.), *Philosophie de l'esprit*, vol. II, Paris, Vrin, 2003, p. 191.

proprement parler les états où il y a conscience d'un « je »
ou « soi/*self* » comme sujet de ces états et dont le contenu
est propositionnel. La question de savoir si la présence
ou l'absence d'un état mental d'ordre supérieur établit
le critère qui différencie un état mental conscient d'un
état inconscient a déclenché de nombreux débats. On a
tôt fait de remarquer, contre ce type d'approche, qu'il est
possible de distinguer[1], à la suite de L. Wittgenstein[2],
entre l'usage comme *sujet* et l'usage comme *objet* du
mot « je ». Prenons l'énoncé « J'ai mal aux dents ».
Lorsque vous êtes dans un état mental donné (douleur),
il n'y a pas de sens à vous demander « qui » est le sujet
de l'état mental dont vous êtes conscient. On dit ainsi,
comme l'a montré de S. Shoemaker[3] que le sujet est
immunisé contre l'erreur d'identification et que le soi
impliqué dans la conscience de soi ainsi immunisée n'est
pas l'*objet* identifiable de la conscience, mais son *sujet*.
En revanche, le « je » dans la proposition « Je suis grand
sur cette photo » est sujet à une possible identification
(correcte ou erronée). En effet, contrairement à ce que
je crois percevoir, il se peut que ce ne soit pas moi,
mais ma sœur, disons, que je vois sur cette photo. On
peut donc distinguer deux rôles pour le « soi » dans la
conscience de soi : le soi en tant qu'objet intentionnel
et le soi en tant que sujet de la conscience. La tradition
phénoménologique a longuement insisté sur cet aspect,
en soulignant le rôle constitutif de la conscience de soi

1. Pour une discussion plus détaillée, se référer au commentaire
du texte 2.

2. L. Wittgenstein, *Le cahier bleu et le cahier brun*, trad. fr.
M. Goldberg, J. Sackur, Paris, Gallimard, 2004, p. 124-125.

3. S. Shoemaker, « Self-reference and self-awareness », *Journal of
Philosophy* 65, 1968, p. 555-567.

préréflexive pour toute forme de conscience. Suivant les travaux de Husserl et Sartre, D. Zahavi[1] a plus récemment insisté sur l'idée que toute expérience, étant essentiellement donnée en première personne – puisqu'elle est donnée inévitablement comme « mon » expérience – *est* intrinsèquement une forme préréflexive de conscience de *soi*. Cette forme préréflexive constitue le fondement à partir duquel l'on édifie la conscience de soi explicite ou réflexive – où le soi devient un objet que l'on peut reconnaître parmi d'autres, comme lorsqu'on reconnaît son propre visage dans un miroir.

Enfin, une conception par trop individualisante du soi est aujourd'hui fortement remise en question et l'on insiste sur l'importance de l'apport social et culturel dans la construction de la *conscience de soi interpersonnelle*[2]. On constate ainsi que l'intérêt accru pour l'analyse du développement précoce de l'esprit traditionnellement attribué à la « conscience de l'objet » et à la pensée rationnelle de l'individu a eu comme effet néfaste le fait de laisser dans l'ombre le rôle crucial des motivations et des émotions qui nourrissent et entremêlent conscience de soi et conscience d'autrui. Cette approche insiste donc sur l'importance des liens affectifs. Plus tard dans le développement, la maturation d'une conscience de soi *réflexive*, détachée de l'expérience vécue ici et maintenant, permet l'émergence du *soi autobiographique* ou *narratif*, qui désigne le concept de soi enrichi de toute une histoire de vie racontée à lui-même par l'individu, s'inscrivant ainsi dans une trajectoire enracinée dans le

---

1. D. Zahavi, *Subjectivity and Selfhood : Investigating the First-Person Perspective*, Cambridge, MA, The MIT Press, 2005.
2. P. Hobson, *The Cradle of Thought : Exploring the Origins of Thinking*, London, Pan Macmillan, 2002.

passé et se projetant dans le futur. Dans la construction de cette forme de conscience, le langage et l'environnement culturel jouent un rôle essentiel.

SITUER LA CONSCIENCE DANS LA NATURE

Si l'existence de la conscience ne fait aucun doute ni pour l'homme de la rue, ni pour le philosophe ou le savant, sa présence semble d'une nature différente que celle des éléments familiers qui nous entourent, tels les escaliers et les chats. Quelle est sa nature? De toute évidence, la conscience est liée d'une façon ou d'une autre au sujet individuel. Mais quelle est la nature de ce lien? Où doit-on la situer? Dans un ordre ontologique à part ou dans le corps de l'individu, dans son cerveau? Pour plus de simplicité, on peut diviser ces questions en deux volets. Le premier volet, métaphysique, aborde la question du statut ontologique de la conscience, de sa place dans le monde naturel. Le deuxième volet, empirique, concerne la manière dont la conscience est implémentée dans le corps humain, et plus spécifiquement dans le cerveau.

L'étude métaphysique de la conscience : du dualisme au matérialisme

De manière générale, la question des rapports entre la conscience et le monde naturel vient se greffer sur le tronc de l'ancienne dichotomie esprit/corps, souvent sous la forme d'une interrogation visant à expliciter le rapport entre les entités/propriétés *mentales* d'une part, et les entités/propriétés *matérielles* ou *physiques* d'autre part. La séparation esprit/matière n'a pas d'histoire et il est difficile de spéculer sur ses origines. Un des arguments les plus célèbres de l'histoire de la philosophie en

faveur de ce clivage est le *doute cartésien*[1] qui peut
être résumé ainsi : je peux douter du fait que mon corps
existe, mais je ne peux pas douter du fait que *moi j*'existe ;
par conséquent, je ne suis pas mon corps. C'est la thèse
centrale du dualisme : les états mentaux conscients sont
ontologiquement distincts des états matériels. Il serait
trop long de reprendre ici en détail les disputes qui ont
opposé les défenseurs et les détracteurs du dualisme. On
résumera seulement à gros traits quelques points clé.
Une objection évidente est l'argument du dormeur : si
l'essence de l'esprit est le fait d'être conscient, doit-on
admettre que l'esprit *cesse d'exister* pendant le sommeil
pour *renaître* au réveil ? Les tenants du dualisme peuvent
riposter ainsi : premièrement, l'état que l'on appelle
habituellement « sommeil » n'est qu'une forme faible
d'un état conscient, si faible qu'il devient difficile d'en
garder un souvenir exact. Une seconde option consiste à
dire que la conscience n'est qu'*un* aspect de la vie mentale
qui inclut aussi les états inconscients dont l'importance a
été notamment soulignée par le travail de S. Freud. Pour
que le dualisme soit recevable, il suffit d'accepter qu'un
seul et même esprit survive et traverse l'enchaînement
états conscients/inconscients. On a reproché également
au dualisme la prolifération des niveaux de réalité qu'il
entraîne, l'ontologie matérialiste étant nettement plus
économe. Mais le problème le plus épineux qu'affronte
le dualisme c'est la question de l'*interaction causale
psychophysique*. Si l'esprit est non-physique, il s'ensuit
qu'il n'occupe aucune étendue ou position dans l'espace.
Mais si tel est le cas, alors comment un état non-physique

1. R. Descartes, *Discours de la méthode*, Paris, Librairie Générale
Française, 1973, p. 127-128.

pourrait-il interagir causalement avec un état physique *sans* violer les lois de la nature concernant la conservation de la masse, de l'énergie, etc.? Intercaler, à la jointure cruciale de la conscience et du corps, une *glande pinéale* – comme le suggère Descartes – reviendrait à apposer une notice dont la teneur serait « ici s'accomplit un Grand Mystère »[1] et cet artifice constitue le véritable talon d'Achille du dualisme.

Le behaviorisme

Pour le philosophe G. Ryle[2], le dualisme est avant tout la victime d'une erreur catégorielle dont la structure est la suivante : d'abord on part de l'hypothèse que l'esprit est une entité distincte du corps, ensuite l'on s'aperçoit qu'il est non localisable, introuvable, pour ainsi dire, dans le corps, et enfin on s'applique à lui inventer un domaine à part, le royaume de l'esprit immatériel. L'esprit devient ainsi, selon sa célèbre expression, un *fantôme dans la machine*[3]. Pour Ryle, être dans un certain état psychologique ne veut pas dire avoir un certain « état interne » non observable et immatériel, mais plutôt être disposé à se *comporter* de telle ou telle manière. Rien de plus, rien de moins. Par exemple, supposons que vous êtes en train de dîner avec des amis lorsque soudain vous ressentez une forte douleur dans l'oreille : vu de l'extérieur, votre vécu « interne » demeure inobservable, mystérieux aux yeux de vos voisins de table qui continuent à manger et à boire allégrement. En revanche,

1. D. Pinkas, *La matérialité de l'esprit*, Paris, La Découverte, 1995, p. 8.
2. G. Ryle, *Le concept de l'esprit*, trad. fr. S. Stern-Gillet, Paris, Payot, 1978.
3. *Ibid.*, p. 17.

si vous vous mettez à grimacer, à gémir, en accompagnant éventuellement vos gestes par l'exclamation « Aïe! J'ai mal à l'oreille! », tous ces éléments comportementaux constituent tout autant d'indices qui signalent à vos convives la présence d'un événement particulièrement désagréable qui a lieu à l'intérieur de votre corps. Le *behaviourisme*, dérivé du terme « *behaviour* », « comportement » en anglais – défendu principalement par J.B. Watson et B.F. Skinner – s'appuie sur cinq thèses-clé, résumées par D. Pinkas[1] ainsi : 1) la fertilité de la science repose sur sa capacité prédictive ; 2) pour établir qu'un événement prédit a eu lieu, il faut qu'il soit publiquement observable ; 3) les seules propriétés ou événements humains qui soient publiquement observables sont les comportements ; 4) donc, dans le cas des êtres humains, les seules prédictions possibles concernent les propriétés ou événements comportementaux ; 5) les prédictions seront d'autant meilleures qu'elles seront déduites de lois reliant les circonstances publiquement observables au comportement subséquent.

Mais, à présent, considérons le cas suivant suggéré par H. Putnam[2] : imaginons une société super-spartiate où l'on apprendrait à ses citoyens à maîtriser dès leur plus jeune âge les signes extérieurs de douleur de sorte que, devenus adultes, ils ne manifesteraient aucun signe comportemental de douleur. Si le behavioriste a raison, cela voudrait tout simplement dire qu'une fois devenus adultes, ils n'éprouvent aucune douleur lorsqu'une guêpe leur pique l'oreille, puisqu'ils ne montrent aucun signe comportemental de douleur. Il est difficile

---

1. D. Pinkas, *La matérialité de l'esprit, op. cit.*, p. 21.
2. H. Putnam, « Brains and behavior » *in* R. J. Butler (ed.) *Analytical Philosophy*, Oxford, Blackwell, 1965.

d'accepter une telle conclusion. Un état mental comme la douleur n'est donc pas réductible aux seuls symptômes observables. Le fait de crier « aïe ! » lorsqu'on ressent une douleur ne nous apprend *rien* d'intéressant sur la nature ou les causes *internes* qui ont provoqué le mal. Aucune relation de nécessité ne relie le fait « crier aïe ! » à l'état « oreille douloureuse ». Les causes (la douleur) ne sont pas des constructions logiques issues de leurs effets (le comportement). Putnam cible ici une des thèses behavioristes clé selon laquelle les états mentaux sont des constructions logiques découlant des événements comportementaux, exactement à la façon dont les nombres sont des constructions logiques issues des classes abstraites. De manière générale, l'échec des stratégies behavioristes a mis en évidence l'urgence dans l'élaboration d'un modèle de l'esprit suffisamment flexible et sophistiqué pour qu'il puisse rendre compte du versant interne et « invisible », non-observable, des états mentaux. Il devint alors nécessaire de proposer une caractérisation des états mentaux conscients capable de concilier les exigences d'une ontologie non-dualiste avec l'observation de bon sens selon laquelle la douleur *ne se résume pas* à crier « aïe ! », à grimacer, et à chercher une consolation auprès de ses pairs.

La théorie de l'identité psychophysique

Si la douleur n'est pas une simple façade comportementale, qu'est-ce que la douleur sinon ? La parution en 1956 de l'article programmatique d'U.T. Place « Is Consciousness a Brain Process ? »[1] marque l'acte de naissance de la *Théorie de l'Identité Psychophysique*

1. U.T. Place, « Is Consciousness a brain process ? », *British Journal of Psychology* 47, 1956, p. 44-50.

(désormais TIP en abrégé). Réduite à sa plus simple expression, TIP affirme qu'un état mental comme la douleur, pour reprendre l'exemple devenu paradigmatique, est à identifier avec *l'activation des fibres-C* insérées à leur emplacement anatomo-physiologique normal, c'est-à-dire dans le réseau neuronal d'un individu vivant et éveillé. Conséquemment, l'ambition déclarée des partisans de la TIP est de cibler le juste milieu entre les « fantômes » des dualistes et les « machines » comportementales des behavioristes. Le très influent article de Place étaye l'idée selon laquelle la conscience serait assimilable à un processus neurophysiologique du cerveau. Cette hypothèse peut et doit être mise à l'épreuve de la vérification comme n'importe quelle autre hypothèse scientifiquement testable. Selon Place, ce qui nous empêche de réaliser cette identification-corrélation c'est une erreur de jugement qu'il baptise l'« erreur phénoménologique » (*the phenomenological fallacy*) qui consiste à stipuler que lorsqu'un sujet décrit ses propres expériences, à savoir la façon dont les choses lui apparaissent dans le toucher, l'odorat, le sentir, etc., l'individu ne fait que décrire littéralement les propriétés des objets projetées en quelque sorte sur un écran interne, à l'aide duquel le sujet perçoit, comme au cinéma, sa propre vie mentale. Nous croyons connaître les propriétés réelles des objets à travers leurs propriétés phénoménales, alors que c'est en fait le contraire qui est vrai. Or, selon Place, le sens « littéral » d'une description ne peut être donné légitimement que par l'ensemble adéquat de propositions d'une théorie scientifique. Une fois l'erreur phénoménologique écartée, on comprend que rien de ce qu'un individu peut décrire au sujet de ses expériences conscientes n'est incompatible avec ce que les physiologistes, par exemple, ont à dire concernant le même sujet.

Dans le but de consolider l'hypothèse de l'identité psychophysique, le philosophe australien D.M. Armstrong[1] va jusqu'à comparer les états mentaux d'un être humain d'une part et la description des états d'un thermomètre d'autre part. Non seulement les états mentaux sont *déterminés* par les états neurophysiologiques du cerveau, mais ils sont réellement *identiques* à ceux-ci. Comme le résume J.J.C. Smart[2], un individu n'est rien d'autre qu'un vaste et sophistiqué arrangement de particules physiques, et aucun état additionnel de type « sensation » ou « conscience » n'est à ajouter à cette ossature fondamentale. Bref, le mental n'existe pas au-delà des frontières régies par les sciences physiques. Pour Smart, la douleur est identique à l'état cérébral exactement à la façon dont l'éclair est identique à une décharge électrique. La conscience n'a pas d'existence propre : il y a des atomes, des chats, des escaliers, bref, des arrangements complexes de particules physiques, mais pas d'autres états distincts ajoutés au niveau physique et qui serait celui des états de conscience.

Le fonctionnalisme

À présent, considérons l'objection suivante : si l'on admet qu'un état conscient comme la douleur, par exemple, n'est qu'un état physico-chimique donné, à savoir l'activation cérébrale des fibres-C à un certain moment *t*, à la façon dont l'eau est une combinaison

1. D.M. Armstrong, *A Materialist Theory of Mind*, London, Routledge and Kegan Paul, 1968.

2. J.J.C. Smart, « Sensations and brain processes », *Philosophical Review* 68, 1959, p. 141-156.

moléculaire d'oxygène et d'hydrogène, doit-on admettre, *ipso facto*, que les organismes qui ne possèdent pas de fibres-C ne ressentent pas de la douleur ? Dans une série d'articles influents, H. Putnam reformule à nouveaux frais la question « est-ce que la douleur est *identique* avec un état cérébral ? » et y répond, de manière convaincante, par la négative, mettant ainsi les bases d'un nouveau courant au sein des théories matérialistes de l'esprit : le *fonctionnalisme*.

> La douleur – écrit Putnam – n'est pas un état cérébral au sens d'un état physico-chimique du cerveau (ou même de l'ensemble du système nerveux), mais un état d'une tout autre espèce. Je propose l'hypothèse que la douleur, ou l'état d'éprouver de la douleur, est *un état fonctionnel de l'organisme tout entier*[1].

La thèse selon laquelle les états mentaux peuvent être fonctionnellement réalisés de manières multiples – appelée communément *la thèse de la réalisabilité multiple* – a permis aux philosophes contemporains de réviser entièrement l'ontologie matérialiste sous-tendant la thèse de l'identité psychophysique. On a tôt fait de remarquer, à la suite de J. Fodor[2], que cet argument montre seulement que la propriété d'éprouver de la douleur n'est pas identique à une propriété *type* universellement applicable – *la* douleur. Toujours est-il que l'état mental que nous appelons familièrement « douleur » survient en présence d'un *certain* événement physique particulier,

---

1. H. Putnam, « La nature des états mentaux », trad. fr. J.-M. Roy, dans D. Fisette, P. Poirier, *Philosophie de l'Esprit. Psychologie du Sens Commun* et *Sciences de l'Esprit*, vol. I, Paris, Vrin, 2002, p. 276 (Nous soulignons).

2. J. Fodor, « Special sciences : or the disunity of science as a working hypothesis », *Synthese* 28, 1974, p. 97-115.

une douleur, autrement dit une occurrence (*token*) instanciée par le truchement d'un système physique donné, ici le cerveau. Mais cela nous renvoie au point de départ, car il s'agit, nous l'avons compris, de trouver le lien, la jointure entre la conscience et le cerveau. Certains auteurs, comme D. Davidson[1] ont tenté la difficile mission d'investiguer les mécanismes responsables de l'interaction causale psychophysique, *sans* sacrifier pour autant l'autonomie du mental au déterminisme des lois physiques. Le *monisme anomal* de Davidson admet que les états mentaux *sont* des événements physiques, mais rejette la thèse selon laquelle il existerait des lois strictes raccordant le physique au mental. C'est justement pour préciser la nature de ce « raccordement », que Davidson introduit la notion-clé de *survenance*, largement adoptée depuis par les philosophes contemporains de l'esprit :

> Bien que la position que je décris nie qu'il y ait des lois psychophysiques, elle est compatible avec la thèse selon laquelle les caractéristiques mentales sont en un certain sens dépendantes des caractéristiques physiques, ou *survenantes* par rapport à elles. On peut interpréter cette survenance comme signifiant qu'il ne peut pas y avoir deux événements qui soient semblables sous tous leurs aspects physiques mais qui diffèrent sous un aspect mental quelconque[2].

L'introduction des concepts de survenance et de réalisabilité multiple a permis l'instauration, vers le milieu des années 70 du siècle dernier, de ce que N. Block appelle

---

1. D. Davidson, « Les événements mentaux », trad. fr. P. Engel, dans D. Fisette, P. Poirier (éd.), *Philosophie de l'esprit, op. cit.*
2. *Ibid.*, p. 248. (Nous soulignons)

le « consensus antiréductionniste »[1] : bien que matériels, les états mentaux *ne se réduisent pas* à leurs corrélats neuronaux. Mise à part cette entente concernant la définition des états mentaux comme des états fonctionnels et holistiques de l'organisme tout entier, l'affaire du fonctionnalisme couve d'importants désaccords dès qu'il s'agit de définir la notion clé de *fonction*. Par exemple, les tenants du *fonctionnalisme computationnel* comparent une fonction à une opération de traitement des données selon le modèle computationnel de type input/output et mise sur une explication de l'esprit en termes de machine de Turing[2]. Selon ce modèle, l'esprit (et la conscience) n'est qu'un programme (*software*) implémenté dans un système matériel (*hardware*), en occurrence, le cerveau humain. À l'instar de l'ordinateur, l'esprit humain est un « système symbolique », c'est-à-dire une entité physique qui traite, transforme, élabore, et en général, manipule divers types de symboles. Certains auteurs comme D. Lewis[3] interprètent la notion de fonction en termes de relations *causales*, comme les dispositions de causer ou de freiner l'apparition de certains effets. Un état mental déterminé est caractérisé par son rôle causal, parce que sa nature consiste à jouer précisément ce rôle spécifique. Du côté des versions *téléologiques* du fonctionnalisme, on conçoit la fonction en termes de « finalités » analogues

1. N. Block, « *Anti-Reductionism slaps back* », *in* J.E. Tomberlin (ed.) *Philosophical Perspectives* 11, Oxford, Blackwell, 1997.

2. Une « machine de Turing » est un outil computationnel abstrait conçu par A. Turing dans un célèbre article publié en 1937, « Computability and λ-Definability », *The Journal of Symbolic Logic* 2, p. 153–163.

3. Voir D. Lewis, « Psychophysical and theoretical identifications », *Australasian Journal of Philosophy* 50, 1972, p. 249-258.

aux fonctions biologiques, comme la digestion ou la reproduction, suivant le paradigme explicatif proposé par R. Millikan[1]. Nous voyons donc qu'il existe une large palette des sens pour comprendre la notion d'état conscient comme un état fonctionnel de l'organisme tout entier. Pour certains[2], les propriétés mentales *sont* des propriétés fonctionnelles tout court. Pour d'autres[3], le rôle fonctionnel ne fait que spécifier les *descriptions* ou les conditions nécessaires à l'identification et à la détermination du référent d'un terme mental. Malgré ces divergences, on s'accorde à dire qu'indifféremment du sens qu'on choisit pour définir son rôle fonctionnel, un état conscient demeure *réalisé* par des systèmes *physiques*.

Mais à présent, considérons le scénario suivant proposé par N. Block[4] : imaginons une situation où, grâce à une prouesse technique, l'on parvient à connecter la totalité de la population chinoise à l'aide d'un réseau téléphonique géant organisé de telle manière qu'il puisse implémenter la totalité des rôles causaux caractérisant les états neurologiques du cerveau d'un individu nommé Pierre. Autrement dit, lorsqu'un certain input déclenche l'activation d'un ensemble de dix neurones, disons, alors la personne recevant un coup de fil (l'équivalent de l'input) doit appeler les dix personnes afférentes qui se trouvent sur sa liste causale. Une question surgit

1. R.G. Millikan, *Language Thought and Other Biological Categories*, Cambridge, MA, MIT Press, 1984.

2. D. Lewis, « Psychophysical and theoretical identifications », *Australasian Journal of Philosophy* 50, 1972, p. 49-58.

3. N. Block, *Readings in the Philosophy of Psychology*, Volumes 1 and 2, Cambridge, MA, Harvard University Press, 1980.

4. *Ibid.*, p. 268-305.

alors : si chaque personne est ainsi connectée au réseau global, est-ce que la totalité du peuple chinois peut être considérée comme étant un *sujet conscient*, à la manière dont l'est Pierre ? Est-ce qu'un tel système peut éprouver de la douleur, ou avoir des sensations visuelles ? Intuitivement, il nous est difficile, voire impossible, de définir un tel système comme un système « conscient ». Mais comment faut-il comprendre cette relation entre les états mentaux et leurs rôles fonctionnels ? Et surtout, est-ce qu'il suffit d'examiner la nature d'un état fonctionnel pour comprendre la nature profonde, l'essence de la conscience ?

Le problème de la conscience phénoménale : *arguments antifonctionnalistes*

Supposons que pendant que vous savourez un bon verre de vin rouge, un savant scrute, à l'aide d'une machinerie sophistiquée, les zones de votre cerveau activées durant cette dégustation. Force est de constater alors que rien de ce que vous percevez sur l'écran ne laisse présager l'expérience qualitative particulière que vous ressentez lorsque vous délectez votre palais d'un verre de grand cru. Le modèle fonctionnaliste de la conscience, accueilli avec enthousiasme par la communauté philosophique analytique, et bien qu'il rende compte de manière plus élégante que la TIP de la complexité et de la plasticité de l'esprit, se heurte au problème de la conscience phénoménale. Selon D. Chalmers[1], ce qui rend ce dernier aussi « difficile », c'est l'intuition que malgré une connaissance approfondie des substrats neuronaux qui sous-tendent les fonctions cognitives que l'on situe

---

1. D. Chalmers, *L'esprit conscient...*, *op. cit.*

habituellement à la lisière de la conscience – comme la capacité de discrimination, d'intégration, de contrôle et d'accès aux stimuli – la question « pourquoi la mise en œuvre de toutes ces fonctions est-elle accompagnée d'une expérience phénoménale distincte? » nous laisse sinon perplexes, du moins suspendus au-dessus d'un véritable « fossé explicatif » selon l'expression désormais célèbre de J. Levine[1].

Plusieurs arguments, étayés à travers des expériences de pensée ingénieuses, remettent en cause le bien-fondé du modèle matérialiste/fonctionnaliste de la conscience. Selon *l'argument de la concevabilité*[2] rendu célèbre par D. Chalmers, il est possible de concevoir un système fonctionnellement identique à celui d'un être conscient, mais dépourvu d'états phénoménaux conscients, bref un « zombie ». Un tel système serait, du point de vue de sa constitution physique, parfaitement identique à une personne consciente « normale ». À contempler depuis l'extérieur, en troisième personne, la paire zombie-David et David il nous serait impossible de distinguer lequel d'entre eux est un zombie. C'est seulement du point de vue en première personne que l'on pourrait contraster les facettes qualitatives caractérisant l'effet-que-cela-fait-d'être-David et le vide expérientiel qui accompagne le zombie-David. Or, si l'existence

1. J. Levine, « Materialism and *qualia* : the explanatory gap », *Pacific Philosophical Quarterly* 64, 1983, p. 354-361. Pour une discussion plus détaillée du fossé explicatif se référer au commentaire du texte 1.

2. D. Chalmers, *L'esprit conscient... op. cit.* D'autres versions de l'argument de la concevabilité ont été proposées par J. Campbell, *Body and Mind*, London, Doubleday, 1970 et G. Bealer, « Mental properties », *Journal of Philosophy* 91, 1994, p. 185-208.

des zombies est concevable, alors leur existence est métaphysiquement possible, et si l'existence des zombies est métaphysiquement possible, alors la conscience est une entité non-physique.

Un autre argument célèbre – *l'argument de la connaissance* de F. Jackson [1] – lance un autre type de défi au modèle fonctionnaliste matérialiste : Mary est une neurophysiologiste très douée qui a toujours vécu dans un environnement fermé ne contenant que des objets en noir et blanc. Imaginons qu'elle ait assimilé, à l'aide des livres et de la télévision, toujours en noir et blanc, le contenu de *tous* les traités neurophysiologiques sur la perception des couleurs. On peut affirmer, dans ces conditions, qu'elle connaît tous les *faits* et *les informations physiques* à propos de la perception des couleurs. La question qui se pose est celle de savoir si la savante Mary, une fois libérée de sa prison et confrontée à une tomate rouge, disons, apprend quelque chose de nouveau. L'intuition est qu'elle *sait* à présent quelque chose qu'elle ne savait pas auparavant : à savoir *l'effet que-cela-fait* de voir du rouge. Puisqu'elle a appris quelque chose de *nouveau*, il faut admettre que l'ensemble de connaissances dont elle disposait dans sa prison était incomplet. Mais si elle possédait déjà toute l'information physique, il s'ensuit qu'il y a davantage à obtenir que cela, et que, par conséquent, les états conscients phénoménaux ne se réduisent pas à des états cérébraux.

Jusqu'ici, nous avons dressé un très succinct état des lieux du problème des rapports entre le mental et le physique dans la philosophie de l'esprit contemporaine.

---

1. F. Jackson, « Epiphenomenal *Qualia* », *Philosophical Quarterly* 32, 1982, p. 127–136.

Nous avons pu constater ainsi que plusieurs étapes ponctuent l'évolution de ces rapports : d'abord il y a l'étape fondatrice du rejet du dualisme interactionniste cartésien, suivie de très près d'un mouvement d'enthousiasme béhavioriste. Ce dernier laisse vite sa place à la théorie de l'identité psychophysique qui, à son tour, et suite à l'argument antiréductionniste fondé sur la thèse de la réalisabilité multiple, donne naissance au fonctionnalisme. Ce dernier résout le problème des rapports entre le mental et le physique en stipulant que tout état (neurologique, computationnel, électronique, extraterrestre, etc.) capable d'occuper le rôle approprié, est au bout du compte, un état mental. Le fonctionnalisme se heurte à son tour au problème difficile de la conscience phénoménale et nous sommes ainsi revenus au point de départ, quoique sous une forme déguisée : car il s'agit à présent de choisir son camp entre ceux qui défendent ou rejettent le dualisme état phénoménal/physique. Les théoriciens de la conscience réagissent de manière différente devant cette difficulté. D'un côté, celui des défenseurs du *matérialisme réductionniste* radical, se manifeste une volonté d'éliminer les *qualia* et avec eux, le fossé explicatif tout court. À l'opposé, du côté des partisans du *matérialisme non-réductionnisme* et du *dualisme*, la tendance est au contraire à trouver des explications à ce problème sans sacrifier la conscience sur l'autel de la matérialité. Comme il serait trop long de détailler ici les différentes prises de position pour répondre à ces arguments antimatérialistes et d'affronter ainsi le célèbre problème des rapports corps-esprit[1],

---

1. Pour une discussion plus détaillée, se référer au commentaire du texte 1.

nous nous contenterons d'énumérer seulement les solutions traditionnellement avancées : l'*idéalisme* règle le problème de la relation entre l'esprit et la nature en stipulant que tout est esprit, et cela en dépit du sens commun. Le *dualisme* interactionniste cartésien propose l'intervention d'un organe médiateur permettant la jonction du corps et de l'esprit, tandis que le *matérialisme* n'admet que l'existence d'une substance unique dans le monde, à savoir, la matière physique, mais il se heurte au problème difficile que pose la conscience phénoménale. Enfin, le *mystérianisme* repose sur l'hypothèse selon laquelle l'énigme de la conscience pourrait être imputable aux limites des capacités cognitives de notre cerveau : autrement dit, il nous est impossible de répondre à la question de savoir comment l'activation neuronale peut produire la conscience phénoménale pour les mêmes raisons qu'il nous est impossible de retenir 1 000 mots d'une langue étrangère dans notre mémoire de travail, ou de visualiser un espace à onze dimensions. Au-delà de tous ces débats métaphysiques, nous disposons de nos jours de suffisamment de preuves empiriques pour avancer, sans trop de risques, l'hypothèse selon laquelle les états de conscience, s'ils ne sont pas littéralement identiques aux états physiques sous-jacents, ont du moins un support matériel : le cerveau.

Les corrélats neuronaux de la conscience

Une méthode d'investigation efficace du phénomène de la conscience est d'étudier empiriquement les effets concrets de son absence sur le comportement d'un individu. En effet, l'examen des dysfonctionnements spécifiques d'un système peut fournir des informations précieuses sur son fonctionnement dans des conditions normales. C'est ainsi qu'Hippocrate (460-379 av. J-C), en tant que médecin des gladiateurs, a eu l'occasion d'observer l'effet dramatique des lésions cérébrales sur le comportement conscient d'un individu. Il avança ainsi l'idée que c'est le *cerveau* le siège de l'esprit (et donc de la conscience), et non pas le *cœur*, comme le pensaient traditionnellement les premiers médecins de l'Égypte ancienne. Recevant et interprétant les données sensorielles, agissant sur le monde par le langage et la motricité, forgeant sa cohérence identitaire par la mémoire, le cerveau est considéré aujourd'hui comme l'organe de la pensée et donc le siège de la conscience. Autrement dit : s'il n'y a pas de cerveau, pas de conscience. Pour Descartes, les êtres humains, contrairement aux animaux, possèdent une intelligence et une âme qui est donnée par Dieu. Par conséquent, les mécanismes cérébraux contrôlent le comportement humain seulement dans ce qu'il a de semblable avec celui des animaux. En revanche, les facultés mentales de l'homme existent en dehors du cerveau, dans l'« esprit », *i.e.* une entité immatérielle qui perçoit les sensations, commande les mouvements et communique avec les mécanismes du cerveau à travers la célèbre glande pinéale. Vers la fin du siècle dernier, suite au développement et perfectionnement des outils d'investigation tels que l'électroencéphalogramme et l'imagerie cérébrale fonctionnelle, une vaste campagne d'identification des corrélats neuronaux de la conscience a été entamée, s'articulant autour de l'hypothèse selon laquelle pour chaque état mental (état de conscience) il existe un état neural associé. Autrement dit, il est impossible d'observer un changement d'état mental sans observer un changement correspondant dans les états neuronaux de la conscience. Dans le jargon philosophique on dit que les états mentaux conscients *surviennent*, pour reprendre l'expression davidsonienne, sur des états neuraux. Mais que cela signifie-t-il plus précisément ? L'étude des mécanismes neuronaux responsables des niveaux les plus élaborés d'activité mentale chez l'homme, telle que la conscience, a connu une longue et sinueuse carrière dont nous allons ponctuer ici quelques étapes seulement [1].

À la recherche du siège de la conscience

À la fin XVIIIe siècle, les connaissances sur le système nerveux ont permis d'établir que les nerfs assuraient la communication entre le cerveau et le corps. Vers 1810, le médecin écossais Ch. Bell et le philosophe français F. Magendie observent que juste avant de s'attacher à la moelle épinière, les fibres des nerfs se divisent en deux : les branches dorsales transportent l'information *sensorielle* vers la moelle épinière, tandis que les racines ventrales transportent l'information *motrice*. Le décor était enfin prêt pour que s'ouvre l'ère de la théorie des *localisations cérébrales*, car si les diverses branches spinales n'exercent pas les mêmes fonctions, il est possible qu'il en soit de même des différentes parties du cerveau. L'étude scientifique des corrélations cerveau-esprit a pris son essor en 1861 quand P. Broca, en France, a découvert que les troubles spécifiques de la parole, désignés par le terme « aphasies » étaient la conséquence régulière d'une lésion causée dans une région précise de

---

1. Pour une présentation à la fois détaillée et accessible de cette problématique complexe voir C. Frith, *Comment le cerveau crée notre univers mental*, Paris, Odile Jacob, 2010.

l'hémisphère gauche du cerveau. En l'espace de quelques décennies, on a ainsi tracé une « carte » du cerveau humain en lui attribuant des capacités spécialisées, linguistiques, intellectuelles, perceptuelles, à des centres spécifiques. On s'est vite aperçu néanmoins que cette façon de cartographier le cerveau était trop simple, car les processus mentaux ont une base beaucoup plus complexe. Aujourd'hui on sait qu'au niveau cérébral, s'il existe un partage très précis des tâches, le véritable défi consiste à expliquer comment cette division du travail, cette fragmentation des fonctions mentales peut donner naissance à l'expérience unitaire et harmonieuse d'un « soi » conscient. La découverte des ondes électriques émises par le cerveau humain constitue une date importante dans l'étude de la conscience. Les neurones sont des cellules qui émettent une activité électrique dont l'enregistrement à la surface du cerveau a permis de lancer vers 1929 l'électroencéphalogramme (EEG), un outil grâce auquel on peut enregistrer les réponses électriques provoquées par les différents types de stimulation sensorielle. Ce nouvel instrument de mesure, mis au point la première fois par le psychiatre allemand H. Berger, fournit un moyen d'enregistrer matériellement les degrés et le rythme d'activité cérébrale, permettant ainsi d'étudier le rapport entre les changements dans l'activité électrique enregistrée et les changements dans les états de conscience afférents. Au début des années 80, C. von der Malsburg avança l'hypothèse, reprise par la suite dans les travaux d'A. Engel et W. Singer, selon laquelle c'est l'activité synchronisée des neurones traitant différents aspects d'un objet qui donne naissance à la perception consciente d'un objet. Cette idée a encouragé F. Crick et

C. Koch [1] à soutenir que la synchronisation temporelle située entre 35 et 75 hertz n'est autre chose que *le* corrélat neuronal de la perception visuelle consciente. De nombreuses études ont dès lors corroboré l'idée que cette fréquence d'oscillation est étroitement liée à l'intégration perceptuelle des représentations visuelles conscientes.

Sans entrer dans des détails trop techniques, on s'accorde actuellement à dire que les états mentaux conscients sont sous-tendus par un vaste réseau de neurones situés dans le cortex primaire (traitant des informations venant de l'extérieur) et le réseau cortical fronto-pariétal qui coordonne ces informations, le tout connecté avec le thalamus. Pour reprendre ici une métaphore courante, le thalamus joue en quelque sorte le rôle d'un chef d'orchestre qui donne la mesure à des musiciens répartis dans l'ensemble du cortex. Il coordonne et en impose une cadence. Cette métaphore suggère aussi qu'il serait vain d'essayer de localiser *le* siège ou *le* mécanisme de la conscience dans une zone circonscrite du cerveau, car c'est la coordination dynamique entre les différentes structures neuronales qui permet la manifestation des phénomènes conscients. Autrement dit, pour qu'il y ait conscience, il doit y avoir résonance et échanges entre différentes zones du cerveau. Tout état conscient mobilise l'activation de nombreuses zones cérébrales. Ce fait est corroboré par l'observation des personnes ayant subi une lésion cérébrale localisée et dont l'expérience consciente, bien que fort modifiée, ne disparaît que rarement complètement.

---

1. F. Crick, C. Koch, « Toward a neurobiological theory of consciousness », *Seminars in Neuroscience* 2, 1990, p. 263–275. Voir également F. Crick, *The Astonishing Hypothesis : The Scientific Search for the Soul*, New York, Scribners, 1994.

Perception et action consciente :
une division du travail ?

On peut dissocier cependant certaines structures
cérébrales impliquées davantage dans certains types
d'expériences conscientes. Un ensemble de données
neuropsychologiques[1] provenant d'études de patients
cérébrolésés semble indiquer une double dissociation
entre la vision pour la *perception* et la vision pour
l'*action*, en corrélat de la localisation des lésions
cérébrales sur chacune des deux voies corticales. Par
exemple, chez les patients souffrant d'*agnosie visuelle*
des déficits ont été notés pour la reconnaissance d'objets
et de la discrimination de formes visuelles, sans atteinte
visuomotrice pour la manipulation d'objets : bien
qu'incapables de reconnaître ou de nommer un objet
familier, un balai, par exemple, ils savent s'en servir
lorsqu'on leur demande de le manipuler. En revanche, les
patients atteints d'*ataxie optique* ont peu de difficultés à
décrire les fonctionnalités des objets visuels présentés ou
à distinguer des formes entre elles – disons un balai d'une
pelle – mais ils sont dans l'impossibilité de manipuler ces
objets efficacement On peut donc distinguer le contrôle
volontaire et conscient du *mouvement* de la perception
consciente des *propriétés* d'un objet. Plus récemment
K. O'Regan et A. Noë[2] ont défendu une conception
intégratrice de la perception consciente visuelle selon

1. M.A. Goodale *et al.*, « Separate neural pathways for the visual
analysis of object shape in perception and prehension », *Current
Biology* 4, 1994, p. 604–610. Voir également M. Jeannerod, *Le cerveau
volontaire*, Paris, Odile Jacob, 2009.

2. K. O'Regan, A. Noë, « A sensorimotor account of vision and
visual consciousness », *Behavioural and Brain Sciences* 24(5) 2001,
p. 939-073.

laquelle la division entre perception et action n'est pas aussi tranchée qu'on le pense traditionnellement.

Un autre phénomène saisissant est ce qu'on appelle le cas du *cerveau divisé* [1] qui fait référence à des patients épileptiques ayant subi une opération qui consiste à sectionner complètement le corps calleux, à savoir un gros faisceau de fibres nerveuses qui relient les deux hémisphères cérébraux. Cette opération a pour but d'empêcher la propagation des crises d'épilepsie d'un hémisphère à l'autre et permet aux patients de retrouver une vie plus sereine. Et pourtant, certains examens plus poussés montrent que lorsque le cerveau est divisé, la conscience semble l'être aussi. Par exemple, si l'hémisphère droit d'un sujet reçoit un stimulus visuel via l'œil gauche, le sujet affirme n'avoir rien vu, mais si on lui demande d'identifier, à l'aide de la palpation, l'objet respectif parmi d'autres objets, le sujet identifie correctement l'objet. Peut-on dire alors que ce patient possède *deux consciences* ? Il semblerait donc qu'il existe une division entre la conscience langagière, qui dépend de l'hémisphère gauche et la conscience sensorimotrice ou perceptuelle qui est sous le contrôle de l'hémisphère droit. En effet, l'étude des crises d'épilepsie et du somnambulisme a permis de révéler que la perception consciente et explicite est fondamentalement liée à l'efficacité des connexions cérébrales. Par exemple, durant certaines crises d'épilepsie, les patients ont des absences susceptibles de perturber leur conscience : bien qu'incapables de répondre à une question, pendant

---

1. M.S. Gazzaniga, *Le cerveau dédoublé*, trad. fr. A-M. Richelle, Bruxelles, Dessart et Mardaga, 1976. Voir également *Nature's Mind*, New York, Basic Books, 1992.

plusieurs minutes, ils peuvent néanmoins exécuter des automatismes : saisir un objet ou pédaler.

Modèles intégratifs de l'activité cérébrale consciente

Tous ces exemples montrent bien qu'il existe un lien étroit entre le cerveau et le phénomène de l'expérience consciente. Cette découverte a encouragé de nombreux scientifiques à chercher une théorie cohérente et unifiée du vécu conscient. Un des modèles les plus connus – le *modèle de l'espace de travail global* – a été proposé par le neuropsychologue B. Baars[1] qui a eu l'idée d'examiner l'activation cérébrale selon que les circonstances permettent ou non l'*accès* à la perception consciente explicite. Selon Baars, la conscience repose sur l'existence d'un espace de travail dans un système distribué de modules de traitement d'information. Autrement dit, pour être consciente, une expérience nécessite à la fois une diffusion globale de l'information dans le cerveau, une cohérence interne (ce qui la distingue du rêve), et des inputs perceptuels conséquents, respectant une certaine durée. Lorsqu'une partie de l'information traitée par ces modules est diffusée dans l'espace de travail global, elle devient *accessible* à l'ensemble du système cognitif.

Les travaux de G. Edelman et G. Tononi[2] montrent aussi l'importance de la distribution holistique de la conscience sur plusieurs régions du cortex et du thalamus. Cette hypothèse est soutenue par deux groupes d'observations : a) des lésions sur pratiquement n'importe quelle structure cérébrale a des effets sur la

---

1. B.J. Baars, *A Cognitive Theory of Consciousness*, *op. cit.* Voir aussi B.J. Baars, *In the Theatre of Consciousness*, *op. cit.*

2. G. Edelman, G. Tononi, *Comment la matière devient conscience*, trad. fr. J.-L. Fidel, Paris, Odile Jacob, 1992.

conscience en général ; b) des lésions localisées affectent la conscience, mais sans l'anéantir (ou très rarement). Cependant, à la différence du modèle de Baars, Edelman et Tononi indiquent qu'il n'y a pas d'équivalence entre accessibilité et conscience, car aucun groupement de neurones ne détient le rôle phare de projecteur, pour ainsi dire. Le cerveau traite en parallèle, par le truchement des nombreux circuits spécialisés, différents aspects de l'environnement perçu, mais ces circuits peuvent accomplir la même fonction. Dans les années 90, R. Llinás[1] et ses collègues ont proposé un modèle intégratif englobant les différentes interactions thalamo-corticales afin de trouver un critère pour déterminer quelle représentation consciente est sélectionnée à un moment donné. Utilisant une technique d'imagerie cérébrale capable de mesurer indirectement les courants électriques dans le cerveau, Llinas a mis en évidence l'existence d'ondes qui balaient le cortex de sa partie antérieure à l'arrière. Chacune de ces ondes dure environ 12.5 millisecondes (ms), suivie d'un repos de 12.5 ms, avec une fréquence de quarante fois par seconde. Un exemple pourrait nous aider à mieux comprendre le caractère plutôt discret que continu de ce phénomène. Supposons que vous rentrez à la maison à pied. Les oscillations de votre cerveau se situent à environ 40 Hz et durant tout le trajet, votre cerveau met à jour les représentations mentales qui s'accordent avec votre environnement habituel : la largeur du trottoir, la couleur des feux au passage piéton, etc. À présent, imaginons qu'un rottweiler menaçant aboie tout près de votre pied. Dans ce cas, le cycle de 40 Hz est promptement interrompu et remis à zéro : votre cerveau y incorpore

---

1. Voir R. Llinás, P. Churchland, *Mind-Brain Continuum : Sensory Processes*, Cambridge, MIT Press, 1996.

le nouveau stimulus « danger ». Chaque onde qui balaie le cortex en 12,5 ms crée une nouvelle représentation de l'environnement, mais étant donné que ces images s'enchaînent très vite, nous les percevons sous la forme d'un flux continu et fluide.

À l'intérieur de ce paradigme de recherche, les célèbres travaux de B. Libet [1] ont provoqué une véritable avalanche de débats sur le décalage qui semble exister entre l'activité neuronale et la perception consciente ou l'action volontaire. Dans l'expérience la plus commentée, le sujet reçoit une stimulation corticale directe dont il a conscience après 500 ms seulement. Deux thèses-clé y sont véhiculées : il existe un écart d'environ une demi-seconde entre l'input d'un stimulus et sa prise de conscience explicite, ce qui suggère que l'expérience subjective semble « rétrodatée » afin d'éviter le fossé stimulus/prise de conscience. Deuxièmement, il existe un fossé similaire (500 ms) entre les manifestations neuronales d'un acte volontaire et la conscience de l'intention de l'acte. Si tel est le cas, deux questions capitales surgissent. Premièrement, si la conscience semble capable de « remonter le temps », ne viole-t-elle pas ainsi les lois physiques auxquelles obéissent les états neuraux ? Deuxièmement, si les actes volontaires sont déterminés inconsciemment, qu'en est-il du libre arbitre ? Sommes-nous réellement les actionnaires de nos décisions, ou est-ce que c'est le cerveau qui « choisit » pour nous bien avant que nous nous en rendions compte explicitement ?

---

1. B. Libet *et al.*, « Subjective referral of the timing for a conscious sensory experience », *Brain* 102, 1979, p. 193-224. Voir également B. Libet, *Mind Time. The Temporal Factor in Consciousness*, Cambridge-London, Harvard University Press, 2004.

De nos jours, l'opposition traditionnelle entre un cerveau inconscient et involontaire qui obéirait aux ordres d'une conscience libre et volontaire a été fortement remise en question. Par exemple, des travaux de recherches très récents ont défendu l'hypothèse du codage prédictif[1] (*predictive coding*) selon laquelle le cerveau, loin d'être un organe recevant passivement, comme une éponge, des données sensorielles, il génère activement des attentes sensorielles, puis il « prédit » et « infère », à partir de ces données sensorielles, un modèle interne du monde extérieur sur la base des probabilités encodées précédemment. Le cerveau cherche ainsi à identifier les causes cachées des données sensibles via un réseau complexe et hiérarchisé d'inférences causales. Sa nature intrinsèquement anticipatrice installe, par une mise en réseau interconnectée extrêmement complexe, des données avant même que la décision soit conscientisée pour le sujet. Toutes les théories susmentionnées accordent une attention particulière au traitement d'information réalisé au niveau du codage neuronal inconscient et prêtent ainsi le flanc aux difficultés liées au problème du « raccordement » entre ces états cérébraux inconscients et le vécu conscient.

Perception et action inconsciente

À la différence de Descartes qui soutenait que la conscience est constitutive à la pensée et que par conséquent l'hypothèse d'une pensée inconsciente serait

---

1. Voir K. Friston, « A theory of cortical responses », *Philosophical Transaction of the Royal Society* 360, 2005, p. 815-836. Voir aussi A. Clark, « Whatever next? Predictive brains, situated agents and the future of cognitive science », *Behavioural and Brain Sciences* 36, 2013, p. 181-204.

tout bonnement absurde, la philosophie contemporaine, sans doute sous l'influence des écrits de S. Freud[1], a largement accepté le rôle joué par des processus et des états mentaux inconscients dans la vie mentale de l'individu. En effet, un nombre impressionnant d'études issues de la psychologie cognitive, de la neuropsychologie, des neurosciences et des techniques associées de neuro-imagerie cérébrale mettent en évidence le fait que le cerveau possède une vertigineuse multitude de circuits spécialisés qui décodent en permanence les informations de notre environnement sans que nous en ayons conscience. Ainsi il semblerait que la conscience ne serait que la pointe d'un iceberg dont les bases seraient fondamentalement inconscientes. Rappelons-nous l'exemple de la coordination visuomotrice dans le cas de la conduite inconsciente d'un véhicule proposé par Armstrong. Mais il y a d'autres cas, encore plus étonnants. Par exemple, les travaux du neuropsychologue L. Weiskrantz[2] ont mis en évidence un phénomène très surprenant concernant les patients atteints d'héminégligence, une maladie survenue à la suite d'une lésion cérébrale et qui les empêchent de percevoir la moitié de leur champ visuel « normal ». Par exemple, lorsqu'on demande à un patient atteint d'héminégligence de regarder tout droit et de décrire les objets qui se trouvent dans une pièce, il « néglige » de décrire les objets qui se trouvent dans la partie lésée,

1. Voir S. Freud, *L'inconscient*, Paris, Payot, 2013. Notons cependant que la notion d'« inconscient cérébral » précède la célèbre découverte freudienne. Voir M. Gauchet, *L'inconscient cérébral*, Paris, Seuil, 1992.

2. L. Weiskrantz, *Consciousness lost and found*, Oxford, Oxford University Press, 1997.

tout simplement parce qu'il ne les voit pas. Weiskrantz a eu l'idée de tester ces patients en leur présentant, dans leur champ visuel aveugle, un écran sur lequel figuraient des lignes soit horizontales soit verticales. Lorsqu'on leur demande quelle est l'orientation de ces lignes, les patients devinent juste dans les 90 % des cas, c'est-à-dire bien au-dessus du pur hasard. Cela suggère que le cerveau demeure capable de traiter un input visuel présenté dans le champ « négligé », même si la conscience explicite de cette perception visuelle fait défaut. Il s'agit ici du phénomène de la « vision aveugle » (*blindsight*). Même après une lésion du cortex visuel, le patient peut se montrer capable de localiser des objets dans son champ visuel. Un autre exemple troublant : les patients souffrant de prosopagnosie – affection qui implique l'impossibilité de reconnaître des visages – montrent toutefois des réactions physiologiques (le rythme du cœur s'accélère à la vue d'une image de l'être aimé). Cela semble indiquer le fait qu'un visage peut être inconsciemment reconnu.

Ces découvertes suggèrent que le traitement d'un stimulus emprunte la même voie qu'il s'agisse d'une expérience consciente ou inconsciente. Elles suggèrent également que dans le cas de certaines actions rapides – rattraper une balle, éviter un obstacle de justesse, etc. – les informations sensorielles visuelles sont disponibles et traitées par le cerveau bien avant que le sujet en prenne conscience explicitement. Ce type de perception ou pensée « inconsciente » est d'une importance vitale pour la survie de l'organisme.

Du neurone à l'objet :
le problème de l'assemblage (binding)

Un autre problème de taille survient lorsqu'on essaie d'expliquer comment l'activité d'un neurone, dont l'influx nerveux représente l'intensité d'un stimulus, est en mesure d'indiquer si ce dernier est conscient ou non. Imaginons que vous êtes dans un bar très bruyant : comment le cerveau procède-t-il pour distinguer un stimulus intense mais inconscient (les paroles de la chanson criées dans le haut-parleur) d'un stimulus moins intense mais conscient (les paroles que votre chéri vous murmure à oreille)? Quel est le mécanisme qui permet de distinguer entre les données conscientes et inconscientes? Si la mission du cerveau est de traiter avec une rapidité vertigineuse un nombre impressionnant d'informations inconscientes, comment une expérience consciente se détache-t-elle sur cette vaste toile et vient-elle à notre esprit? Pourquoi la représentation d'un objet donné devient conscient, alors que d'autres représentations demeurent dans l'ombre? Autrement dit, comment l'activité synchronisée de ces circuits neuronaux, chacun spécialisé dans la représentation d'un stimulus spécifique, donne naissance à une perception consciente, cohérente et unifiée d'un objet? Supposons que vous percevez une pomme verte à côté d'une banane jaune : il s'agit d'examiner comment les traits visuels sont assemblés pour façonner la perception consciente de deux objets distincts, sans en mélanger leurs couleurs – sachant qu'une seule et même zone corticale traitent à la fois la perception du vert et du jaune. Cette difficulté est appelée communément le « problème de l'assemblage », ou selon l'expression anglaise consacrée, *the binding problem* [1].

Si le problème de la constitution des objets perceptuels cohérents constitue un redoutable défi pour les recherches contemporaines sur la conscience, il est possible également de renverser la perspective et interroger la possibilité de « ralentir » la conscience ou du moins atténuer la focalisation consciente sur les objets extérieurs. En effet, certaines techniques d'éveil corporel comme la relaxation, le yoga et autres méditations tentent de diminuer la concentration sur des stimuli externes en faveur du développement de la sensibilité intéroceptive, celle qui nous vient de l'intérieur du corps. Constamment sollicitée par des événements externes, la conscience pourrait créer ainsi petit à petit, une barrière entre notre corps vécu et nous-mêmes.

De nombreuses études soutiennent l'hypothèse que le phénomène de la conscience dépend de réseaux neuronaux spécifiques associés aux zones cérébrales les plus récentes et complexes, à savoir les aires corticales associatives polymodales dans l'hémisphère dominant. Cela suggère que la conscience n'existerait que chez les primates dotés d'un système nerveux très développé, mais cette question reste ardemment débattue [2].

---

1. Le terme « binding » désigne le processus d'assemblage de différents traits d'une scène visuelle (couleur, forme, contour, etc.) activant différentes zones du cortex visuel et qui donne naissance à l'expérience unifiée d'un objet tridimensionnel.

2. Voir J. Proust, *Comment l'esprit vient aux bêtes*, Paris, Gallimard, 1997.

Certains auteurs comme K. Popper, J. Eccles[1] et R. Penrose[2] ont attiré l'attention sur le fait que la plupart des théories qui essaient d'identifier les corrélats neuronaux de la conscience présentent le défaut de se limiter, justement, aux neurones, sans aller plus loin dans la composition structurelle moléculaire des cellules nerveuses qui, selon certains chercheurs, obéirait aux lois si particulières de la physique quantique. D'autres proposent de faire un pas de plus et de quitter le domaine étroit du cerveau/corps humain afin de rendre les limites de l'esprit plus flexible et d'y incorporer ainsi d'objets externes au corps humain, tel un notebook : c'est l'hypothèse défendue par A. Clark et D. Chalmers[3], consacrée sous le nom d'« *extended mind* ». Par ailleurs, l'étude de la relation corps/esprit a pris un nouvel essor grâce à l'accent mis sur l'importance des interactions et des échanges dynamiques entre le corps et son environnement physique et social immédiat. Selon les tenants de l'*enactivisme*[4], étudier la nature des états de conscience en prenant comme appui la seule relation de l'esprit au cerveau, en isolation des interactions de l'organisme avec le monde environnant, appauvrirait notre compréhension de ce fascinant phénomène au lieu de nous aider à l'élucider.

1. K. Popper, C. Eccles, *The self and its brain*, New York, Springer, 1977.

2. R. Penrose, *Les ombres de l'esprit*, trad. fr. C. Jeanmougin, Paris, Interéditions, 1995.

3. A. Clark, D. Chalmers, « The extended mind », *Analysis* 58 : 1, 1998, p. 7-19

4. Voir. H. Maturana, F. Varela, *L'arbre de la connaissance*, trad. fr. F.-C. Jullien, Paris, Addison-Wesley, 1994.

Conclusion :
La conscience, énigme troublante
ou rassurante ?

La difficulté à faire de la conscience un objet d'étude (théorique ou empirique) réside en grande partie dans son ineffabilité : support même de toute introspection et réflexion, à la fois acte et objet de pensée, elle s'efface dès que l'on la prend en viseur afin d'en examiner la nature et le fonctionnement. Fort heureusement, ce redoutable obstacle n'a découragé ni les savants ni les philosophes dans leurs tentatives de comprendre cette capacité, unique à l'homme, d'entretenir des pensées abstraites, de former des contrefactuels, de créer des images mentales qui portent sur des situations qui ont lieu dans le passé, dans le futur, ou dans un monde fictionnel, d'éprouver des expériences qualitatives, subjectives, bref cette aptitude à être conscient de ses propres états mentaux ou à être conscient tout court dans la corporéité sensorielle. La conscience donc a fasciné et continue de fasciner bon nombre de penseurs, les incitant à sonder la nature de ce phénomène à la fois si mystérieux et si familier.

Dans ce petit livre, nous avons essayé de dresser un bref état des lieux établissant les principaux repères autour desquels s'organisent les débats contemporains visant à tirer au clair la place de la conscience dans la nature ainsi que ses principaux traits. Le compte rendu que nous avons présenté ici n'a fait, bien évidemment, qu'effleurer le complexe ensemble d'interrogations, d'argumentations et de difficultés qui accompagnent cette épineuse question. Au terme de notre périple, nous sommes en mesure toutefois de ranger, suivant Chalmers [1],

1. D. Chalmers, *L'esprit conscient, op. cit.*

les questions qui gravitent autour de la conscience en deux classes distinctes : problèmes faciles et problèmes difficiles. La première comprend l'examen des capacités et des tâches exécutées par un système cognitif générateur de comportements intelligents et désigne, entre autres : i) la capacité de discrimination, de catégorisation et de réaction aux stimuli extérieurs ; ii) l'intégration de l'information par un système cognitif ; iii) la capacité d'accéder, *via* l'introspection, à ses propres états internes et de rapporter les états mentaux ; iv) la focalisation de l'attention et le contrôle du comportement et des actions ; v) la distinction entre l'état de veille, la conscience minimale et la conscience réflexive, d'ordre supérieur.

La classe des problèmes difficiles abrite, quant à elle, le mystère de la conscience phénoménale ainsi que la question du rapport entre le cerveau inconscient et involontaire et la conscience libre et volontaire, à savoir le célèbre problème du libre arbitre. En effet, si l'on admet, comme de nombreuses recherches expérimentales le suggèrent, que le cerveau va plus vite que toute conscience de lui-même, c'est-à-dire du moi conscient et du corps, doit-on admettre par ricochet que ce n'est pas *moi*, mais c'est mon cerveau qui vit à travers mon corps avant même que je puisse remarquer ses effets ? La conscience serait-elle un simple épiphénomène généré par un organe physique incroyablement sophistiqué : le cerveau ?

Il serait relativement facile pour un ingénieur doué de concevoir une machine capable de distinguer le rouge du jaune, par exemple. Or, si un système mécanique est capable de faire cette distinction, sans qu'il éprouve une expérience qualitative particulière, pourquoi nous, les êtres humains, avons-nous de telles expériences phénoménales et comment cela est-il possible? Supposons que Crick et Koch ont raison et que l'activation synchronisée de neurones à un niveau de fréquence d'environ 40 Hz constitue *la* base cérébrale de la conscience visuelle. En quoi cela explique-t-il l'aspect qualitatif particulier qui accompagne mon expérience visuelle lorsque je contemple un champ de blé parsemé de coquelicots? Par quelle alchimie s'opère-t-elle cette métamorphose magique qui permet de transformer la matière grise des cellules neuronales en l'or noble de la conscience? Même si l'on admet, contre les dualistes, que la conscience est un phénomène réel, naturel et biologique, sous-tendu par un vaste réseau de processus neurobiologiques, la question *comment* et *pourquoi* l'activité des neurones produit l'expérience subjective unifiée du soi conscient reste résolument ouverte. Notons toutefois, pour le côté anecdotique, que la raison pour laquelle l'hypothèse réductionniste (cherchant à réduire la conscience à de simples corrélats neuronaux) serait moins attractive que l'hypothèse quantique, c'est parce que cette dernière préserverait en quelque sorte une part de mystère dans l'apparition du phénomène de la conscience et beaucoup d'entre nous trouvent cela plutôt réconfortant.

TEXTE 1

JOSEPH LEVINE

Omettre l'effet que cela fait[1]

On doute souvent de la valeur des théories physicalistes de l'esprit parce qu'elles semblent ne pouvoir s'empêcher d'« omettre » l'aspect qualitatif ou conscient de la vie psychique. Il est difficile d'évaluer cette objection car on ne sait pas trop de quoi au juste sont accusées les théories physicalistes. (...) Depuis Descartes au moins, les arguments antiphysicalistes prennent à peu près la forme suivante. On soutient que certaines situations sont imaginables, concevables, etc., puis on en tire certaines conclusions d'ordre métaphysique. Ainsi Descartes conclut à l'altérité du corps et de l'esprit à partir de deux faits : 1) il peut en toute cohérence concevoir l'inexistence de son corps – peut-être est-il trompé par un malin génie ; 2) il ne peut en toute cohérence concevoir l'inexistence de son esprit (c'est-à-dire, qu'il ne peut en concevoir l'inexistence dès lors qu'il conçoit quoi que ce soit, qu'il vit cette expérience : concevoir).

1. J. Levine, « Omettre l'effet que cela fait », trad. fr. P. Poirier, dans D. Fisette et P. Poirier (éd.), *Philosophie de l'esprit. Problèmes et perspectives*, Paris, Vrin, 2003, p. 195-221.

Un survol du débat actuel montre que les arguments antiphysicalistes n'ont pas évolué de manière significative depuis Descartes. Je vais en particulier centrer mon attention ici sur deux des plus célèbres arguments antiphysicalistes contemporains, celui de Saul Kripke et de Franck Jackson[1].

L'ARGUMENT DE KRIPKE

Kripke soutient qu'il existe une asymétrie importante entre les énoncés prétendant poser une identité psychophysique et ceux que l'on tire d'autres réductions scientifiques. Dans un cas comme dans l'autre, les énoncés d'identité sont nécessairement vrais, si tant est qu'ils sont vrais. De même, dans chacun des cas, les énoncés d'identité impliqués paraissent contingents[2]. L'asymétrie survient lorsqu'on tente de justifier l'apparence de contingence des énoncés. Bien qu'on puisse adéquatement justifier l'apparence de contingence des énoncés d'identité que l'on retrouve en science, il n'en est pas de même des énoncés d'identité psychophysique.

Supposons que l'on compare un énoncé d'identité comme on en trouve tant en science, par exemple l'énoncé (1) ci-dessous, à un énoncé d'identité psychophysique comme (2) :

1. S. Kripke, *La logique des noms propres*, trad fr. P. Jacob et F. Recanati, Paris, Minuit, 1982. F. Jackson, « Epiphenomenal *Qualia* », *Philosophical Quaterly*, vol. 32, p. 127-136. Pour des raisons d'espace, nous allons commenter ici seul l'argument de Kripke. Pour une discussion plus détaillée de ces arguments, se référer à M. Esfeld, *Philosophie de l'esprit – de la relation entre l'esprit et la nature*, Paris, Armand Colin, 2005.

2. Comme le dit Kripke (1980, p. 154), un « certain élément de contingence est évident » dans de tels énoncés d'identité théorique.

(1) Eau = H_2O
(2) Douleur = Activation des fibres-C.

Puisque leur vérité n'est pas connue a priori, on peut concevoir chacun de ces énoncés comme étant faux. Mais s'ils sont vrais, ils le sont nécessairement – leur fausseté n'est même pas possible. Comment alors réconcilier leur contingence apparente avec leur véritable nécessité ? Pour Kripke, il est aisé de le faire dans le cas de l'énoncé (1). Quand nous pensons imaginer une situation dans laquelle une certaine substance qui se comporte en surface comme de l'eau – mais qui n'est pas de *l'eau* – n'est pas de l'H_2O. Une explication similaire ne pourra toutefois rendre compte de l'apparence de contingence de l'énoncé (2), puisqu'imaginer une situation dans laquelle une personne ressent en état qui ressemble en surface à de la douleur, *ce n'est rien d'autre* qu'imaginer une situation dans laquelle cette personne ressent une douleur. *Les états psychiques conscients se distinguent des objets externes en ceci que la distinction usuelle entre ce qu'ils sont en réalité et la façon dont ils nous apparaissent ne s'applique pas* [1].

(…) Suivant Descartes, Kripke semble tabler sur l'idée voulant que celui qui possède une pensée vraiment « claire et distincte » dispose par le fait même d'un accès à la véritable nature des choses, métaphysiquement parlant. (…)

Les arguments reposants sur ce que l'on peut concevoir montrent que les théories physicalistes sont incapables de nous donner de telles explications des aspects qualitatifs de l'expérience. Pour nous en convaincre, reprenons la différence soulevée par Kripke entre les énoncés (1) et (2)

---

1. Nous soulignons.

ci-dessus. Kripke fait reposer son argument sur le fait que chacun de ces énoncés paraît contingent et les distingue ensuite en montrant que seule l'apparence de contingence de (1) peut être correctement expliquée. Ma stratégie est tout à fait différente. Je vois plutôt la différence entre les cas « eau/H_2O » et les cas « douleur/fibres C » dans le fait qu'il existe une apparence de *nécessité* découlant de la réduction de l'eau à H_2O, apparence qui est absente de la réduction de la douleur à l'activation des fibres C. (…)

Cette dissemblance reflète une différence épistémologique importante entre l'hypothèse réduisant l'eau à H_2O et celle réduisant la douleur à l'activation des fibres C, à savoir le fait que la théorie chimique de l'eau explique tout ce qui doit l'être alors que la théorie physicaliste des qualia « omet encore quelque chose ». Et c'est parce que les aspects qualitatifs eux-mêmes *ne sont pas expliqués* par la théorie physicaliste ou fonctionnaliste que l'on peut toujours concevoir l'existence d'une créature qui occuperait l'état physique ou fonctionnel approprié sans que son expérience manifeste ces aspects.

L'idée essentielle, c'est qu'une réduction devrait expliquer ce qui est réduit, et l'on peut déterminer si elle réussit en examinant si le phénomène réduit est épistémologiquement nécessité par le phénomène réducteur, c'est-à-dire si nous pouvons voir pourquoi les choses doivent être telles qu'elles paraissent en surface, étant donné les faits cités par la réduction. La théorie chimique de l'eau nous donne ce type de nécessité, mais non la théorie physique ou fonctionnelle des qualia. (…)

Opposons plus clairement la réduction de l'eau à l'H_2O et celle des qualia à des propriétés physico-fonctionnelles. Qu'explique-t-on au moyen de la théorie voulant que l'eau soit de l'H_2O? Prenons le point d'ébullition de l'eau au niveau de la mer comme exemple d'une propriété macroscopique s'expliquant par la réduction de l'eau à de l'H_2O. Cette explication ressemblerait à ceci. Les molécules d'H_2O se déplacent à des vitesses variées. Certaines molécules plus rapprochées de la surface du liquide et se déplaçant plus rapidement que les autres possèdent suffisamment d'énergie cinétique pour échapper aux forces d'attraction intermoléculaire de l'H_2O. Ces molécules entrent ainsi dans l'atmosphère : c'est l'évaporation. La valeur précise des forces d'attraction intermoléculaire détermine la pression de vapeur d'une masse d'eau liquide, soit la pression exercée par les molécules cherchant à s'échapper vers un air saturé d'eau. La pression de vapeur augment proportionnellement à l'énergie cinétique moyenne des molécules. Lorsque la pression de vapeur atteint le point où elle est égale à la pression atmosphérique, de grosses bulles se forment dans le liquide et jaillissent à sa surface : l'eau bout.

Étant donné cette explication, ou une élaboration suffisamment riche de celle-ci, j'affirme qu'il n'est pas possible de concevoir que l'H_2O ne bouille pas à 100 °C au niveau de la mer (en présumant, encore, la constance du monde chimique). Opposons maintenant cette situation à la réduction physique ou fonctionnelle d'un état conscient. Peu importe la richesse d'une explication en termes neurologiques ou de traitement d'information, il semble qu'on pourra toujours concevoir en toute cohérence que tout se passe comme le dit l'explication sans que l'occupation des états physiques ou fonctionnels s'accompagne des aspects qualitatifs appropriés. Pourtant, si l'explication physique ou fonctionnelle expliquait

MATÉRIALISME ET QUALIA :
L'ARGUMENT DU FOSSÉ EXPLICATIF

NATURALISER LA CONSCIENCE ?

L'idée selon laquelle la conscience est la marque essentielle de l'esprit remonte très loin dans l'histoire de la pensée. Toutefois, et bien que la relation entre l'esprit et la nature ait été une préoccupation constante de la réflexion philosophique, la question de la place de la conscience dans une conception naturaliste et matérialiste du monde a pris une ampleur sans précédent à partir des années 60 du siècle dernier pour devenir aujourd'hui le problème « difficile » que la philosophie de l'esprit doit affronter. Avant de commenter plus en détail le défi que l'argument [1] de J. Levine pose au matérialisme physicaliste, quelques clarifications terminologiques s'imposent. En effet, qu'est-ce que le matérialisme physicaliste ? Et qu'entend-on par « naturaliser » un phénomène, en occurrence la conscience ? Le terme « naturalisme » étant fort complexe, une bonne stratégie serait de se rapporter au

---

1. Cet argument a été initialement formulé par Levine dans son article « Materialism and *qualia* : the explanatory gap », *Pacific Philosophical Quarterly* 64, 1983, p. 354-361.

cas concret de D. Hume [1] qui est souvent cité en exemple, bien que celui-ci ne se soit jamais ouvertement revendiqué en tant que philosophe naturaliste. À la différence des penseurs comme Descartes, Berkeley, Malebranche, Locke, Hume afficha d'emblée l'ambition d'étudier l'esprit humain sans faire appel à des éléments explicatifs « surnaturels » ou « divins » transcendant les limites de la nature et de l'entendement humain. Comme l'indique B. Stroud [2], le naturalisme se définit ainsi avant tout comme « anti-surnaturalisme ». C'est précisément ce consensus anti-surnaturaliste qui va souder plus tard les philosophes du Cercle de Vienne dans leur croisade contre les métaphysiques idéalistes traditionnelles. Si pendant une longue période, on s'est accordés pour reconnaître la supériorité de la « philosophie première » dans l'explication du réel, l'avènement des méthodes d'investigation scientifiques mises en place suite à la révolution industrielle, et atteignant leur apogée au cours du XXe siècle, bouleversent cette hiérarchisation ancestrale : désormais, c'est vers la science qu'il faut se tourner si l'on veut apprendre ce que les choses *sont* ultimement. A l'intérieur du courant naturaliste, le *matérialisme* se cristallise ainsi autour d'une thèse métaphysique centrale : le monde contient exclusivement des entités matérielles reconnues par la physique. Sans doute, la définition [3] à la fois la plus simple et la plus provocatrice que l'on pourrait donner du *physicalisme* serait de dire que si Dieu avait été le véritable créateur

---

1. D. Hume, *Enquête sur l'entendement humain*, trad. fr. M. Malherbe, Paris, Vrin, 2008.

2. B. Stroud, « The charm of naturalism » in *Proceedings of the American Philosophical Association* 70, 1996, p. 43-55.

3. T. Crane, « All God has to do », *Analysis* 51, 1991, p. 235-244.

de l'univers, alors tout ce qu'il aurait eu à faire, lors de la création, aurait été de créer les faits et les lois physiques, le reste découlant nécessairement et naturellement de ceux-ci. Comme le souligne H. Putnam[1], le principal attrait du monisme matérialiste réside dans son ambition de fonder une métaphysique *naturelle*, bâtie avec les moyens et depuis l'intérieur de la science, contrastant ainsi avec la métaphysique *supranaturelle* des traditions idéalistes.

Physicalisme et niveaux du réel

Le matérialisme satisfait ainsi à la fois les ambitions métaphysiques traditionnelles – légiférer sur ce que le monde *est* – tout en restant sur un terrain prudent des pratiques expérimentales qui nous renseignent sur la façon dont le monde *est connu*, et limitant ainsi sa portée théorique aux seules entités qui se laissent appréhender empiriquement. Or, la seule entité que la science peut installer effectivement sous sa loupe grossissante c'est la *matière*, distribuée dans l'espace-temps, et gouvernée par les lois de la physique. Deux thèses[2] soutiennent l'édifice du matérialisme dans ses ambitions métaphysiques : a) le principe de *complétude et de clôture causale, nomologique et explicative du domaine des états physiques* stipulant que pour tous les états physiques p, dans la mesure où un état physique p a des causes, est soumis à des lois et permet une explication, l'état physique p a des causes physiques complètes, est soumis à des lois physiques complètes, et possède une explication physique

---

1. H. Putnam, « Why there isn't a ready made world » in *Realism and Reason*, vol. 3, Cambridge, Cambridge University Press, 1983.

2. Pour une discussion plus détaillée, se référer à M. Esfeld, *La philosophie de l'esprit – de la relation entre l'esprit et la nature*, op. cit.

complète ; et b) le principe de l'*unité de la science* [1] : si le monde est un tout ontologiquement homogène, il devient alors possible d'unifier les sciences particulières sous le sceptre d'une théorie complète du monde naturel. Réduit à sa plus simple expression, le credo physicaliste affirme donc que *tout est physique*.

Mais peut-on affirmer que la peur de tomber dans l'escalier, pour revenir à notre exemple initial, est matérielle ou physique au même titre que l'escalier lui-même ? Dans quel sens un état mental est matériel ? Deux acceptions du prédicat « matériel » ont été prédominantes dans la philosophie occidentale. D'abord, suivant la célèbre distinction cartésienne entre *res extensa / res cogitans* on dit qu'une entité est matérielle si elle occupe *une extension dans l'espace*. Le défi c'est alors de fournir une caractérisation des états mentaux selon le modèle des objets tridimensionnels, ce qui s'avère une tâche ardue. Une deuxième acception, à la fois plus récente et plus plausible, se contente de puiser dans le vocabulaire des diverses branches des sciences particulières. Autrement dit, un état est tenu pour matériel s'il existe des théories empiriques qui l'englobent avec succès dans leur architecture explicative et prédictive. Après tout, qui pourrait fournir un meilleur regard sur la nature même des choses, sinon les sciences mises à l'épreuve dans leur confrontation directe avec le réel ?

Parmi ces sciences, la physique détient un statut privilégié, car elle cible explicitement la découverte

1. Voir P. Oppenheim, H. Putnam, « The unity of science as a working hypothesis » *in* H. Feigl *et al.*, (eds), *Minnesota Studies in the Philosophy of Science*, vol. 2, Minneapolis, Minnesota University Press, 1958.

des lois fondamentales qui gouvernent la structure et la dynamique des objets macroscopiques, allant jusqu'à postuler la possibilité d'une description microphysique *complète* de tout état/phénomène. Selon le modèle physicaliste consacré, le réel est organisé sur plusieurs niveaux : au niveau fondamental il y a les électrons, les quarks, et autres entités microscopiques décrites par la physique. Ces entités possèdent un certain type d'attributs, comme le spin, la masse, l'énergie, la charge, etc. À l'étage immédiatement supérieur on retrouve les entités étudiées par la chimie, dont l'exemple paradigmatique est l'eau et ses propriétés de transparence, liquidité, etc. Si l'on monte encore un étage, l'on retrouve la biologie et l'étude du vivant, des organismes considérés comme un tout, et ayant des attributs et des propriétés spécifiques comme la digestion, la reproduction, etc. Puis, au sommet de cette hiérarchisation l'on retrouve les sciences qui étudient des attributs mentaux comme les attitudes propositionnelles, l'intentionnalité, et les états de conscience, *qualia* inclus. À présent il s'agit, bien entendu, d'établir dans quel sens un état mental du niveau supérieur est relié à un état physique du niveau fondamental.

Réduire le mental au physique : eau et qualia

Au cœur du projet d'unification physicaliste, il y a d'abord la notion de « réduction ». Sans vouloir insister sur un sujet qui a été déjà abondamment discuté dans la littérature, rappelons très rapidement que dans un premier temps, la plupart des discussions autour du concept de réduction prennent comme point de départ la

célèbre analyse d'E. Nagel[1]. Une théorie T' est réductible
à une théorie T si et seulement si les lois qui régissent T'
sont dérivables des lois de T, ces dernières jouant ainsi un
rôle paradigmatique dans l'explication des phénomènes.
E. Nagel distingue deux types de réduction : dans le plus
simple des cas, le vocabulaire de la théorie réduite T'
ne contient aucun terme descriptif qui ne soit déjà une
sous-classe des termes contenus dans T. Pour cette même
raison, ce type de réduction est connu sous le nom de
réduction homogène[2]. Mais les cas les plus intéressants
et problématiques apparaissent lorsque T' manipule
des concepts *en plus*, différents de ceux contenus dans
T, autrement dit lorsque la réduction doit gérer des
niveaux *hétérogènes*. L'exemple classique que Nagel
présente concerne la réduction de la thermodynamique
à la mécanique statistique en s'appuyant sur l'analyse
du concept de *température*. Ayant esquissé ces éléments
d'arrière-plan, revenons à présent à l'argument de Levine
et reprenons son exemple du point d'ébullition de l'eau
au niveau de la mer comme exemple d'une propriété
macroscopique s'expliquant par la réduction de l'eau à
de l'H_2O. Pour plus de simplicité, cette réduction peut
être retranscrite ainsi :

[EAU]

(P1) Les molécules H_2O exercent une pression-
vapeur P à l'énergie cinétique E.
(P2) Au niveau de la mer, l'action de la pression-
vapeur P a pour effet l'évaporation rapide des
molécules dans l'air.

1. E. Nagel, *The Structure of Science*, London, Routledge and
Kegan Paul, 1961, p. 336-366.
2. *Ibid.*, p. 339.

(P3) La rapide évaporation dans l'air *est* l'ébullition.

(P4) 212 °F. est l'énergie cinétique E.

(P5) L'eau est H_2O.

(C1) *Ergo*, l'eau bout à 212 °F. au niveau de la mer.

Si le physicalisme a raison de stipuler que tout est physique, il s'ensuit que nous pouvons, du moins en principe, expliquer les *qualia* en suivant la même ligne de raisonnement. Mais en est-il ainsi ? Pouvons-nous appliquer la même méthode explicative pour réduire l'aspect qualitatif de l'expérience à ses substrats neuronaux ? Supposons qu'un appareil sophistiqué permettrait d'indiquer que l'activation d'un état cérébral C accompagne l'expérience qualitative spécifique R qu'un sujet S éprouve à la vue d'un rubis rouge. Nous obtenons alors l'argument analogue suivant :

[QUALIA]

(P6) S occupe un état cérébral C.

(P7) Occuper l'état cérébral C c'est éprouver le *quale* R.

(C2) *Ergo*, S est en train d'éprouver le *quale* R.

Cette comparaison nous renseigne sur trois points essentiels. D'abord, il y a l'observation que, dans les deux cas, l'*explanans* (les énoncés qui font le travail explicatif) fonctionne comme une prémisse à partir de laquelle l'*explanandum* (les énoncés qui représentent le phénomène à expliquer) est déductivement dérivé. Ensuite, les deux arguments font appel à des *prémisses-liaison* – l'énoncé P5 dans le cas [EAU] et P7 dans le cas [QUALIA] – qui identifient le phénomène à expliquer à un autre phénomène descriptible dans un vocabulaire du niveau microphysique immédiatement inférieur. Enfin, et c'est ici le point essentiel soulevé par Levine, à la lecture de ces deux arguments, nous avons l'intuition que l'argument [QUALIA] *n'explique pas* la nature du *quale* R. Quelque chose, semble-t-il, est omis. Il existe donc, insiste Levine, une asymétrie cruciale entre les stratégies réductives de type eau = H2O d'une part, et *quale* R = état cérébral C, d'autre part, et cela en raison du fait que la corrélation entre un fait neurologique déterminé et son vécu « interne », subjectif, semble complètement *arbitraire*. C'est précisément ce contraste, souligne Levine, entre l'arbitraire qui règne entre les corrélations mental/physique et la parfaite compréhensibilité de types de réduction de physique/physique qui constitue le cœur du « fossé explicatif »[1].

Du fossé explicatif au fossé ontologique

Ce défi se révèle d'autant plus redoutable qu'il s'agit de respecter « contrainte matérialiste »[2], autrement dit, l'injonction de franchir ce gouffre explicatif sans faire appel à des entités ou relations mentales considérées comme entités ontologiquement primitives, situées au-delà du domaine du physique. Si cette contrainte n'est pas respectée, le matérialiste se voit confronté à

---

1. Levine précise que la présence de ce gouffre dans l'explication a été signalée bien avant lui par Locke dans sa discussion des relations entre les qualités primaires et les qualités secondaires, lorsqu'il s'agit de rendre intelligible l'emboîtement entre les deux niveaux. Voir J. Levine, « Materialism and Qualia… », art. cit., p. 359.
2. J. Levine, « Phenomenal concepts and the materialist constraint », *in* T. Alter, S. Walter (eds), *Phenomenal Concepts and Phenomenal Knowledge. New Essays on Consciousness and Physicalism*, Oxford, Oxford University Press, 2007, p. 150.

un problème encore plus redoutable, que R.van Gulick[1] résume ainsi :

(P1) Les *qualia* sont des entités primitivement simples.

(P2) Si les *qualia* sont des entités primitivement simples, alors les rapports entre les *qualia* et leurs substrats neuronaux sont arbitraires.

(C) *Ergo*, les rapports entre les *qualia* et leurs substrats neuronaux sont inintelligibles et impliquent un fossé explicatif.

S'il s'avère valide, ce raisonnement peut alors servir de base à un argument additionnel dont les conséquences seraient, comme le note D. Chalmers[2], dévastatrices pour l'ontologie moniste matérialiste :

(P1*) Il y a un *fossé épistémique* entre les états/faits physiques et les états/faits phénoménaux.

(P2*) S'il y a un fossé épistémique entre les états/faits physiques et les états/faits phénoménaux, alors il y a un *fossé ontologique* entre ces deux types d'états/faits.

(C*) *Ergo*, le matérialisme est faux.

Relever le défi du fossé explicatif

Selon une taxinomie proposée par D. Chalmers[3] que nous allons adopter ici, les tentatives pour relever ce défi et d'offrir ainsi une solution au problème de la

1. R. van Gulick « Understanding the phenomenal mind : are we all just armadillos ? » *in* W. Lycan, J. Prinz (eds), *Mind and Cognition – an Anthology*, Oxford, Blackwell Publishing, 2008, p. 668.

2. D. Chalmers, « Consciousness and its place in nature », *in* S. Stich, T. Warfield (eds) *The Blackwell Guide to Philosophy of Mind*, Oxford, Blackwell Publishing, 2003, p. 108.

3. *Ibid.*

place de la conscience dans le monde naturel, peuvent être classées en six groupes – allant de A à F – en fonction des prémisses que l'on choisit de remettre en cause dans l'argument P1*-C*. Certains rejettent la présence du fossé épistémique tout court – rejet de la prémisse P1*. D'autres admettent la présence du gouffre épistémique qui sépare le mental et le physique, mais rejettent la dérivabilité d'un fossé ontologique à partir d'un fossé épistémique – rejet de la prémisse P2* Enfin, d'autres acceptent le bien-fondé de l'argument et misent sur le pari que les avancées futures des sciences permettront de dissoudre le fossé – rejet de la thèse C*. De manière générale, les solutions avancées proposent soit : a) une redéfinition du concept de « conscience » afin qu'elle puisse être objectivement « située » au sein d'une ontologie exclusivement matérialiste ; b) une reformulation du concept de « physique » afin de pouvoir y accueillir la conscience phénoménale. Dans ce qui suit, nous tâcherons de tracer l'épure des principales réponses au défi du fossé explicatif, sans entrer dans les sinuosités d'un débat qui s'allongerait facilement. Il s'agit de ponctuer seulement ses aspects les plus saillants.

Le Matérialisme de type-A

Ses adeptes [1] rejettent la thèse du fossé épistémique entre le mental et le physique, et affirment que, si fossé il y en a, il peut être facilement franchi. Ils nient l'existence du problème « difficile » de la conscience phénoménale, et arguent qu'expliquer les fonctions suffit

---

1. Selon Chalmers, les auteurs qu'on peut ranger dans la catégorie « matérialistes de type-A » sont : G. Ryle, D. Lewis, D. Dennett, F. Dretske, G. Rey, G. Harman.

pour expliquer tout le reste, y compris le phénomène des *qualia*. Ce qui frappe tout d'abord dans cette position c'est le fait qu'elle semble nier une évidence du sens commun. Les matérialistes répliquent en rappelant que durant son histoire, la pensée scientifique a été confrontée à plusieurs « fossés explicatifs » qui se sont avérés par la suite parfaitement franchissables et explicables en termes physiques. Dennett[1] par exemple, rappelle qu'au XIXe siècle, un adepte du vitalisme aurait pu soutenir, de façon analogue, qu'il existe un problème « difficile » de l'explication de la vie en termes d'évolution darwinienne *en plus* de la simple explication des fonctions biologiques qui caractérisent les structures et les comportements des organismes vivants. Une autre stratégie serait d'argumenter qu'il existe un intermédiaire X tel que : (a) expliquer les fonctions suffit pour expliquer X ; et (b) expliquer X suffit pour expliquer le phénomène de la conscience. Un possible candidat pour jouer le rôle médiateur serait la notion de *représentation*. Souvent, on identifie les états conscients aux états représentationnels désignant ou renvoyant à des états de choses externes. Si l'on arrive à expliquer les états représentationnels en termes fonctionnels, nous obtiendrons ainsi une explication de la conscience respectant les exigences fonctionnalistes. Cependant, comme l'a montré Chalmers, cet argument repose sur une ambiguïté relative à la notion de « représentation ». Il faut faire la distinction entre : (1) le concept de *représentation fonctionnelle* selon lequel un stimulus S est « représenté » lorsqu'un système répond à S et/ou

---

produit du comportement approprié pour S. Dans cette acception, expliquer la fonction revient à expliquer la représentation, mais expliquer la représentation ne revient pas à expliquer le phénomène de la conscience. D'autre part, on distingue (2) la *représentation phénoménale* selon laquelle S est considéré comme « représenté » lorsqu'un système éprouve une expérience consciente de S. Dans ce sens, expliquer la représentation peut expliquer la conscience, mais expliquer la fonction n'explique pas la représentation. Et l'on revient au point de départ. Enfin, les défenseurs du matérialisme de type-A peuvent insister sur les conséquences fâcheuses qu'entraînerait le rejet de matérialisme, et qui pourraient mener aux impasses du dualisme. Toujours est-il que cette attitude n'exonère pas les matérialistes de l'obligation de fournir une explication *positive* au problème que pose la conscience phénoménale.

Pour résumer : les discussions opposant les partisans du matérialisme de type-A à leurs adversaires tournent autour d'une intuition centrale, à savoir l'intuition selon laquelle expliquer le phénomène de la conscience présuppose quelque chose *en plus* de la simple explication des mécanismes et fonctions qui la sous-tendent. La force de cette intuition est tellement grande que les matérialistes de type-A doivent s'armer d'arguments extrêmement convaincants afin d'arriver à la contrer.

Le matérialisme de type-B

Ses adeptes [1], plus nombreux parmi les philosophes de l'esprit contemporains, admettent l'existence d'un gouffre séparant le domaine du physique du domaine de

---

1. Toujours selon Chalmers, dans cette catégorie on peut ranger : J. Levine, B. Loar, D. Papineau, M. Tye, W. Lycan, J. Perry.

l'expérience phénoménale, mais rejettent le pas inférant une thèse ontologique à partir d'une thèse épistémique – rejet de la prémisse P2*. Selon ses défenseurs, l'identification états phénoménaux/états physiques est analogue à l'identification eau/H_2O qui est établie empiriquement *a posteriori*, et non pas *a priori*. En s'appuyant sur la célèbre distinction frégéenne entre sens et référence, les matérialistes de type-B soutiennent que bien que le concept « eau » ait un sens différent du concept « H_2O », les deux ont le même référent physique. En déplaçant l'analogie sur le terrain de l'expérience phénoménale, ils affirment que bien que le concept de « conscience » ait un sens différent de tel ou tel concept fonctionnel afférent, on peut, dans un avenir plus ou moins proche, identifier empiriquement leur référent commun. Cette distinction conceptuelle expliquerait l'existence du fossé épistémique séparant le domaine du physique de celui de l'expérience phénoménale, tout en niant le fossé ontologique.

Malgré l'attrait évident que présente cette alternative, elle soulève néanmoins, comme le note Chalmers, quelques difficultés notables. Le point névralgique du matérialisme de type-B réside dans l'impératif de traiter l'identité entre les phénomènes conscients et les phénomènes fonctionnels comme une sorte de principe ou d'axiome brut, épistémiquement primitif, dans le sens où l'identité phénoménal/physique *ne* serait *pas* déductible de la totalité des vérités physiques concernant le réel. Car si cette identité était déductible de l'ensemble complet des vérités physiques, alors le matérialisme de type-B deviendrait tout simplement un matérialisme réductionniste de type-A. Par conséquent, l'identité entre les états physiques et la conscience doit être traitée comme axiomatique afin d'éviter que le matérialisme de type-B ne devienne un éliminativisme rigide. Mais on peut objecter que le seul fondement légitime pour ancrer ce type de primitivité est celui des lois de la physique, les seules à ne pas être déduites des lois encore plus « primitives ». De plus, le matérialisme de type-B part d'un principe primitif *épistémique*, pour légiférer sur le statut d'une identité *ontologique*, en occurrence celle entre états phénoménaux et états physiques. Or, insiste Chalmers, admettre que la relation épistémiquement primitive entre états physiques et états phénoménaux est une loi fondamentale de la nature, revient à sacrifier considérablement l'esprit et la lettre du matérialisme : cela reviendrait à dire tout simplement que la conscience est distincte de toute autre propriété physique, car les lois fondamentales relient toujours des propriétés distinctes, *sui generis*. Par conséquent, à défaut de préciser la nature de cette identité, celle-ci risque de passer pour une solution *ad hoc*, dont la nature mystérieuse sert de paravent dissimulant des incohérences.

À cela, les partisans du matérialisme de type-B peuvent répondre, suivant D. Papineau [1], que les identités n'ont pas besoin d'être expliquées, car dans un certain sens, elles sont toujours primitives. Mais dans d'autres disciplines comme la chimie, les identités peuvent au moins être déduites à partir des vérités encore plus primitives, et donc elles ne sont pas primitives au sens strict du terme. Même si l'identité eau/H_2O s'avère nécessaire *a posteriori* – pour reprendre la célèbre expression kripkéenne – elle reste néanmoins *déductible*

---

1. D. Papineau, « Physicalism, consciousness, and the antipathetic fallacy », *Australasian Journal of Philosophy* 71, 1993, p. 169-183.

d'une description complète et exhaustive des vérités physiques. En revanche, l'identité physique/phénoménal doit être *non-déductible* d'un ensemble complet de vérités physiques. Par conséquent, le caractère mystérieux et *ad hoc* de cet axiome de « jointure » ne semble pas indiquer la sortie de l'impasse.

Nous voyons donc, pour résumer, que le matérialiste de type-B est contraint de maintenir que le cas de la conscience est spécial, dans le sens où la relation de nécessité *a posteriori* qui raccorde les états physiques aux états phénoménaux est beaucoup plus puissante que dans les autres domaines où elle apparaît. Selon Chalmers, une des réponses les plus intéressantes des matérialistes de type-B serait d'admettre cette « force » comme une singularité qui s'applique au seul cas de la conscience, mais la question de trouver une description adéquate de cette particularité reste largement ouverte [1].

Le matérialisme de type-C

Les matérialistes [2] de type-C arguent que même si le problème « difficile » de la conscience n'est pas résolu pour le moment, il reste néanmoins solvable *en principe*. Autrement dit, notre incompréhension de la manière dont un état phénoménal n'est rien d'autre qu'un état physique est analogue à celle des philosophes présocratiques qui étaient dans l'impossibilité de comprendre que la matière c'est de l'énergie. Cette doctrine semble à première vue très attractive, car elle permet à la fois de concilier l'intuition du fossé explicatif, tout en suggérant que sa

1. Pour une discussion détaillée voir D. Papineau « Phenomenal and perceptual concepts », *in* T. Alter, S. Walter (eds), *op. cit.*, p. 136-142.
2. Parmi ses adeptes il y a Th. Nagel et P. Churchland.

présence est imputable à nos propres limites cognitives. Malgré ses attraits indéniables, le matérialisme de type-C finit tôt ou tard par collapser dans les deux autres types du matérialisme, et par conséquent se heurter aux mêmes difficultés que ses confrères. De plus, comme l'a montré Chalmers [1], l'idée d'une future théorie physique complète c'est une hypothèse dont on n'a pas vraiment besoin pour réfuter ce type de stratégie. Tout ce dont nous avons besoin c'est l'observation que les descriptions physiques se réalisent *exclusivement* en termes de structures et dynamiques, tandis que la conscience phénoménale résiste à ce type de description. À cela, le matérialiste de type-C pourrait riposter que les futures théories physiques pourraient tout simplement aller au-delà des descriptions classiques en termes de structures et de dynamiques. Mais étant donné la situation de la physique actuelle, il est difficile d'imaginer quelle serait la nature de cette future mystérieuse nouvelle physique. Dès que l'on accepte que la conscience n'est pas un état fonctionnel, et que les états physiques sont exclusivement de nature structural-dynamiques, on se retrouve devant le choix suivant : a) soit on revient au matérialisme de type-A en soutenant que la conscience est un état fonctionnel malgré tout ; b) soit on admet que la description du monde physique ne se résume pas uniquement à des états structural-dynamiques et qu'elle présuppose donc quelque chose *en plus* (ce qui nous renvoie au dualisme ou au monisme de type-F qui sera décrit plus loin) ; c) soit on affirme que la déductibilité des faits phénoménaux à partir des faits physiques n'est pas un postulat dont le matérialisme a besoin, et l'on revient ainsi au matérialisme de type-B.

---

1. D. Chalmers, « Consciousness and its place in nature », art. cit.

Versions non-réductionnistes : la conscience,
une entité ontologiquement primitive ?

Si l'on admet que l'argument du fossé explicatif touche juste et que, par conséquent, les états phénoménaux ne sont pas nécessairement déductibles à partir des faits physiques, il s'ensuit que, pour expliquer le phénomène de la conscience, quelque chose d'ontologiquement distinct des états physiques doit entrer en scène. Mais quoi, plus exactement ? Deux possibilités sont à retenir ici : soit l'on admet que la conscience *est* une propriété fondamentale du réel au même titre que l'espace-temps et la masse en physique, les propriétés phénoménales devenant ainsi des propriétés ontologiquement primitives. Soit l'on maintient que la conscience n'est pas fondamentale en elle-même, mais qu'elle est, en quelque sorte, nécessairement déductible d'un ensemble de propriétés fondamentales, qui, elles, ne découlent pas des faits physiques. Mais dans tous les cas, la solution au problème de la conscience présuppose l'introduction d'un nouveau membre dans la classe des entités fondamentales. Le défi consiste alors à identifier et à intégrer ce nouveau membre dans le tissu explicatif déjà mis en place par les théories physiques. En effet, l'existence des propriétés fondamentales présuppose l'existence des lois fondamentales. Par conséquent, on devrait découvrir des lois psychophysiques qui régissent les rapports entre les propriétés physiques et celles phénoménales. Ces nouvelles lois doivent être fondamentales à leur tour, c'est-à-dire irréductibles aux lois physiques, plus « primitives ».

Une question importante surgit alors : comment concilier l'existence des lois psychophysiques fondamentales avec le principe de clôture causale du monde physique? Trois options sont envisageables : a) soit on rejette le principe de clôture causale de la physique, et l'on admet l'existence des discontinuités qui court-circuitent les chaînes causales du réseau microphysique, et dont la nature intrinsèque est phénoménale – c'est le dualisme de type-D; b) soit l'on accepte la thèse de la clôture causale, mais l'on rejette la prémisse selon laquelle les propriétés phénoménales auraient un rôle causal effectif – c'est le « dualisme de type-E », connu aussi sous le nom d'épiphénoménisme; c) soit on maintient le principe de clôture causale, mais on insiste sur l'idée que les propriétés phénoménales y sont pleinement intégrées, et que par conséquent, les *qualia* ont une efficience causale réelle sur le monde physique, en vertu de leur appartenance intrinsèque au physique – c'est le monisme de type-F. Examinons à présent chacune de ces options plus en détail.

Le dualisme de type-D
ou l'interactionnisme cartésien

L'exemple le plus célèbre de ce type de position [1] reste, bien évidemment, le dualisme des *substances* de Descartes. Mais il existe une version plus modérée, le dualisme des *propriétés*, selon lequel le réel est une seule et unique entité dotée de deux types de propriétés fondamentales : physiques et phénoménales. Le dualisme prête le flanc à deux difficultés importantes, à savoir la question de l'interaction causale psychophysique, et le problème de l'incompatibilité avec l'idée que le monde physique est un domaine causalement clos où il est

---

1. Selon Chalmers, les auteurs qu'on peut ranger dans cette catégorie sont : K. Popper et J. Eccles, W. Sellars, R. Swinburne, J. Foster, H. Stapp.

difficile de trouver une « place » pour des entités ou des états supplémentaires, mentaux ou phénoménaux. Les interactionnistes peuvent répliquer que loin d'infirmer l'interactionnisme, la physique fondamentale actuelle, et plus précisément la mécanique quantique, peut au contraire, le soutenir. La question d'une explication quantique de la conscience étant un sujet extrêmement controversé, nous allons esquisser ici quelques points clé seulement[1]. On s'accorde à dire que le monde physique quantique est traduisible par une fonction d'onde particulière, selon laquelle les entités physiques sont souvent décrites comme occupant deux états superposés, bien que ces superpositions ne soient jamais directement observables. Les fonctions d'onde peuvent évoluer de deux manières : de façon linéaire suivant la forme exprimée par l'équation de Schrödinger[2] ; ou de façon non-linéaire, constituée d'états qui « collapsent » depuis des états superposés vers des états non-superposés. L'évolution linéaire est déterministe, alors que les collapses ne le sont pas. L'évolution de type-Schrödinger est un continuum perpétuel, un flux ininterrompu, tandis que les « catastrophes », comme on les appelle parfois, surgissent uniquement à l'occasion des opérations de mesure. Cette théorie des « catastrophes » laisse la porte ouverte à des interprétations interactionnistes. Bien qu'il n'existe, à l'heure actuelle, aucun consensus concernant la définition du concept clé de « collapse », on s'accorde à rattacher l'opération de mesure à l'intervention d'un sujet observateur *conscient*. Un prolongement intéressant

---

1. Pour une discussion plus détaillée, se référer à M. Bitbol, *Physique et philosophie de l'esprit*, Paris, Flammarion, 2000.
2. E. Schrödinger, *L'esprit et la matière* précédé par *L'élision* par M. Bitbol, Paris, Seuil, 1990.

des remarques précédentes est l'observation selon laquelle il semble difficile, voire impossible, de trouver un critère purement *physique* pour circonscrire le concept de « mesure ». À la lumière de ces considérations, il devient naturel de suggérer que l'opération de mesure *est* précisément une observation consciente, et que, par conséquent, c'est le phénomène de la conscience qui est à l'origine du collapse.

Cette interprétation reste néanmoins à prendre avec précaution, car la mécanique quantique ne garantit aucunement qu'il s'agit là de la *seule* interprétation possible. D'autres options semblent valables, qui ne font pas appel au concept mystérieux de « collapse », et pour lesquelles les opérations de mesure ne jouent aucun rôle spécial ou décisif. Cela dit, il serait tout simplement faux de stipuler que la mécanique quantique *exclut* l'interactionnisme. Il est pour le moins étonnant, comme le note Chalmers[1], qu'une grande majorité de philosophes contemporains rejettent l'interactionnisme sur la base des théories *physiques*, alors que les physiciens rejettent l'interprétation interactionniste de la mécanique quantique sur des bases *philosophiques*.

Le dualisme de type-E ou l'épiphénoménisme

Plus communément connue sous le nom d'*épiphéno-ménisme*[2], cette doctrine affirme que les propriétés phénoménales sont ontologiquement distinctes des propriétés physiques, mais que les états phénoménaux n'ont aucun pouvoir causal sur le physique. Dans

1. D. Chalmers, « Consciousness and its place in nature », art. cit., p. 126.

2. Selon Chalmers, les auteurs qu'on peut ranger dans cette catégorie sont : T. Huxley, F. Jackson, W.S. Robinson.

cette acception, les lois psychophysiques fonctionnent uniquement sur le versant physique/mental, mais non pas sur le versant mental/physique. À la différence du dualisme interactionniste, le dualisme de type-E respecte le principe de clôture causale. En revanche son point faible réside dans la nature profondément contre-intuitive de la thèse selon laquelle les états mentaux n'ont aucun pouvoir causal sur nos actions corporelles. Il semble pour le moins étrange d'affirmer que la sensation de douleur n'a aucun rôle causal dans l'action qui consiste à retirer ma main de la flamme. Pour beaucoup de penseurs, ces conséquences sont tout simplement intenables, et représentent un prix trop cher à payer.

Les épiphénoménistes peuvent répliquer en insistant sur le fait qu'aucune évidence directe ne contredit leur position. S'inspirant des écrits de Hume, ils rappellent que tout ce que nos observations révèlent ce sont des covariations régulières entre certains états phénoménaux E et certaines actions A, en sorte que certains modes d'expérience sont habituellement accompagnés par certains modes d'action. L'exposition répétée à ce type de covariations peut nous induire en erreur, produisant en nous la croyance fausse selon laquelle l'expérience E *cause* l'action A. Toutefois, l'étrangeté de l'épiphénoménisme augmente lorsqu'on s'aperçoit que les rapports qui lient les états conscients aux énoncés sur la conscience semblent être le fruit d'une heureuse coïncidence. Après tout, remarque à juste titre Chalmers, si les lois psychophysiques sont indépendantes de l'évolution du monde physique, il s'ensuit qu'il peut y avoir d'autres mondes possibles dans lesquels l'organisation physique serait la même que la nôtre, tandis que les lois psychophysiques seraient radicalement différentes, provoquant ainsi un « dépareillage », une disjonction entre l'expérience et son compte rendu verbal. Il semblerait alors que nous soyons extrêmement chanceux de vivre dans un monde où tout concorde dans une harmonie psychophysique totale et quasi-miraculeuse. En conclusion, même si l'épiphénoménisme s'avère une position cohérente, inélégance et contre-intuitivité constituent ses deux défauts majeurs.

Le monisme de type-F

Les tenants [1] du monisme de type-F défendent l'idée radicale selon laquelle la conscience est une propriété *intrinsèque* des structures physiques elles-mêmes. Comment interpréter cette position pour le moins surprenante ? Deux options sont envisageables : d'une part la conscience peut être conçue comme une propriété fondamentale du réel au même titre que l'espace-temps et la masse en physique, les propriétés phénoménales devenant ainsi des propriétés primitives. D'autre part, on peut arguer que la conscience n'est pas fondamentale en elle-même, mais qu'elle est nécessairement déduc-tible d'un ensemble de propriétés fondamentales *proto-phénoménales* qui, elles, ne découlent pas des faits et vérités physiques, mais qui constituent à la fois les propriétés physiques et phénoménales [2]. Dans cette acception, la conscience et le réel physique seraient profondément et inextricablement enchevêtrées. États phénoménaux et états physiques deviennent ainsi les membres d'un tout naturel indivisible. Le mot « nature » doit être compris ici comme un ensemble

---

1. Parmi les défenseurs des versions du monisme de type-F, on compte : B. Russell, M. Lockwood, G. Strawson, D. Chalmers.
2. B. Russell, *The Analysis of Matter*, London, Kegan Paul, 1927.

constitué d'entités dont les qualités protophénoménales intrinsèques participent activement dans le rouage causal physique.

Le principal attrait de ce type de monisme – qui est, par ailleurs, compatible avec le principe de clôture causale – c'est qu'il parvient à greffer l'hypothèse d'une nature intrinsèque des propriétés phénoménales sur le tronc des théories physiques déjà existantes, les propriétés protophénoménales servant alors de base primitive pour toute causation physique. Protéiforme, s'inspirant à la fois du matérialisme et du dualisme, le monisme de type-F peut parfois prendre la forme d'un *idéalisme*. Dans ce cas, les propriétés mentales *constituent* les propriétés physiques, bien qu'elles ne soient pas obligatoirement situées dans l'esprit d'un sujet. Une forme plus radicale du monisme de type-F est le *panpsychisme*, ou le « protopanpsychisme » selon lequel le réel, tout ce qui existe (l'escalier compris) possède une nature psychique intrinsèque.

Plusieurs possibles objections sont à signaler à son encontre. La critique la plus évidente c'est que les propriétés phénoménales, en tant que propriétés intrinsèques, semblent difficilement s'accorder avec une description purement physique du monde. Si cette position s'avérait correcte, une conséquence surprenante serait que les choses sont essentiellement et littéralement identiques à leurs apparences. Or, l'histoire de la pensée scientifique nous a appris à nous méfier de certaines apparences sur lesquelles reposent habituellement les explications du sens commun. Une autre objection concerne la nature pour le moins mystérieuse de ces propriétés protophénoménales, mais la réplique la plus courante dans ce cas consisterait à mettre cet aspect mystérieux sur le compte de notre ignorance ou des limitations de nos capacités cognitives. Mais le problème le plus épineux c'est l'observation que notre phénoménologie possède une structure unitaire, unifiée et fluide qui, bien qu'identifiable sous des multiples facettes, reste dotée d'une homogénéité sous-jacente qui est étroitement liée au fait qu'elle possède un seul et unique angle d'expérience, le moi, le sujet conscient. Il est difficile dès lors de concevoir par quel moyen l'existence et la distribution d'un grand nombre de systèmes individuels microphysiques, chacun doté de ses propres propriétés protophénoménales, pourrait se greffer en quelque sorte à cette structure complexe et spécifique qu'est la phénoménologie d'un moi individuel. Ne devrait-on s'attendre à une structure plus désordonnée, semblable à un conglomérat, ou à un patchwork bariolé ? Ce problème est parfois présenté comme une version de ce qu'on appelle le *problème de l'assemblage*[1], ou *le problème de la dissonance structurale*[2] (*the structural mismatch* en anglais). Pour le contrecarrer, nous avons besoin d'une meilleure compréhension des principes compositionnels de la phénoménologie, c'est-à-dire des principes par le truchement desquels les propriétés phénoménales peuvent être composées ou constituées à partir des propriétés protophénoménales sous-jacentes. Or, bien que l'on ait une idée assez claire des principes qui gèrent les structures et la composition du niveau physique, nous sommes loin d'en avoir l'équivalent concernant la compréhension des principes qui régissent

1. W. Seager, « Consciousness, information, and panpsychism », *Journal of Consciousness Studies* 2, 1995, p. 272-288.

2. D. Stoljar, « Two conceptions of the physical », *Philosophy and Phenomenological Research* 62, 2001, p. 253-281.

le niveau phénoménal. Par conséquent, le problème de la discordance structurale pose un sérieux défi au monisme de type-F.

Pour conclure, nous avons tenté de tirer un sillon, parmi tant d'autres possibles, dans le labyrinthe que forment les divers modèles explicatifs matérialistes contemporains de la conscience. Mais ce serait se livrer à une grossière exagération que de soutenir que l'affaire du matérialisme et des *qualia* est épuisée dans la description des théories exposées ici. En effet, le problème du fossé dans l'explication, en ravivant le vieux problème philosophique de la relation entre l'esprit et la nature, entre la pensée et le monde, ne fait qu'indiquer à quel point l'horizon de la pensée philosophique, à la fois trop large et trop étroit, se heurte à l'énigme de la conscience.

TEXTE 2

Conscience de soi et connaissance de soi[1]

(…) Ainsi, la connaissance implique nécessairement
la conscience du connaître. Le « cogito » de Descartes
lui-même implique une conscience du « cogito », car
lorsque Descartes connaît qu'il doute, il faut qu'il ait
conscience de connaître qu'il doute, car si sa conscience
se bornait à la conscience de son doute, nous devrions
poser le problème : mais, qui est conscient de douter ?
Comment est-on conscient de douter sans connaître
qu'on doute ? Et si cette connaissance est elle-même
inconsciente, il est évident que l'ensemble tombe dans
l'inconscient. (…) Donc, il convient de concevoir que la
conscience que je prends de savoir, qui est en effet – il faut
le reconnaître comme tout le monde l'a toujours reconnu
– indispensable au savoir, n'est pas du même type que ce
que l'on appelle le savoir. Ce qui signifie que conscience
et connaissance sont deux phénomènes radicalement
distincts. (…) Or, si nous revenons, dans un mouvement
parfaitement cartésien, au « cogito » lui-même pour

---

1. J.-P. Sartre, « Conscience de soi et connaissance de soi », dans
La transcendance de l'Ego et autres textes phénoménologiques, Paris,
Vrin, 2003, p. 135-152.

l'interroger sur son contenu, nous constatons, d'une part que toute conscience est conscience de quelque chose, ce qui signifie que l'objet n'est pas à titre de contenu dans la conscience, mais qu'il en est dehors à titre de visée intentionnelle. La conscience n'est ni vide, ni pleine ; elle n'a ni à être remplie, ni à être vidée ; elle est purement et simplement conscience de l'objet. Ceci est trop connu pour que j'y revienne.

Mais la conscience de quelque chose implique nécessairement, sous peine de tomber dans l'inconscient, une conscience de soi. Ici, je me permettrai de vous signaler que je mettrai toujours ce « de » entre parenthèses ; c'est un signe typographique ; je n'entends pas conscience de soi (…) comme conscience de quelque chose.

En effet, s'il y a conscience de soi, le soi est objet pour le « je » qui connaît. Nous avons affaire à la connaissance, et justement à la réflexion. Il y a conscience *de* soi avec un « de » souligné, dans le cas où nous avons conscience réflexive de nous-mêmes. Si au contraire nous considérons que j'ignore en ce moment que j'existe, que je suis si absorbé que, quand on me sortira de ma lecture je me demanderai où je suis, mais que peut-être ma lecture implique la conscience de ma lecture, la conscience de ma lecture, la conscience de ma lecture ne peut pas se poser comme la conscience du livre devant moi. Nous dirons donc qu'il s'agit d'une conscience non-positionnelle, ou non thétique. (…) La conscience non-thétique s'atteint elle-même sans recours au discursif et aux implications, car en effet, elle est conscience, mais il ne faut pas la confondre avec une connaissance. S'atteindre soi-même, c'est être lumineux pour soi-même, mais ce n'est nullement chose nommable, exprimable pour soi-même.

Le problème n'est pas tellement de chercher l'existence de la conscience non thétique de soi : tout le monde l'*est* à chaque instant ; tout le monde en jouit, si je puis dire. Le problème sera de savoir comment nous pouvons passer de la conscience non thétique de soi, qui est l'être de la conscience, à la connaissance réflexive qui se fonde sur elle-même.

Mais nous décrivons seulement la conscience de soi. Je dis qu'elle est et que nous la sommes.

Et d'ailleurs, le philosophe qui le premier eut recours à cette conscience non thétique de soi, Husserl, et qui l'a nommément désignée dans la conscience interne du temps, a souvent montré que la caractéristique d'une *Erlebnis*, c'est-à-dire en somme d'une conscience vécue et réfléchie, c'est de se donner comme ayant déjà existé, comme étant déjà là.

Je suis en train de lire. Je vous réponds : je lis, quand vous me demandez ce que je fais. Je prends conscience de ma lecture, mais non pas instantanément. Je prends conscience de quelque chose dont j'avais conscience depuis longtemps, c'est-à-dire que je passe sur le plan de la thématisation de la position réflexive et de la connaissance pour une chose qui existait déjà avant, comme dit Husserl.

Ainsi, il s'agit de savoir quel est ce mode que nous appelons la conscience, dont nous voyons qu'il est indispensable, d'une part, et qu'il n'est pas, d'autre part, connaissance.

D'abord, nous constaterons qu'il n'y a pas de distinction de sujet-objet dans cette conscience. Le fait de dire qu'elle n'est pas habitée par un « ego » a essentiellement la signification suivante : c'est qu'un « ego » comme habitant de la conscience est une opacité dans la conscience; en réalité, si la conscience n'a pas un ego au niveau de l'immédiat et de la non-réflexivité, elle n'en est pas moins personnelle. Elle est personnelle parce qu'elle est renvoi, malgré tout, à soi.

Quel est donc ce type d'être qui, d'une part n'est pas présence d'un objet pour un sujet, et qui, d'autre part, est le renvoi de quelque chose à quelque chose d'autre?

D'abord, il faut concevoir qu'il n'y a rien dans la conscience qui ne soit conscience. Il n'y a pas de contenu de conscience; il n'y a pas, ce qui, à mon avis, est l'erreur de Husserl, de sujet derrière la conscience, ou comme une transcendance dans l'immanence, lorsqu'il s'agit de la conscience de soi entre parenthèses : il y a uniquement, et de part en part, conscience. Ce que vous ajouteriez à la conscience ne servira qu'à l'altérer et à la brouiller. (…)

Mais, si j'ai un plaisir, si j'ai conscience d'avoir un plaisir, nous constatons aussitôt, d'abord qu'il suffit que j'aie conscience d'avoir ce plaisir pour que je l'aie pour de bon; peu importe que ce soit en rêve; de même que le « cogito » de Descartes peut se pratiquer en rêve, de même le plaisir que je peux avoir en rêve à me promener dans une campagne parfaitement imaginaire n'en est pas moins un plaisir. Réciproquement, le type d'être de la conscience est tel qu'on ne peut pas concevoir des réalités de type envisagé qui pourraient être sans être conscientes.

DEUX FORMES DE CONSCIENCE DE SOI

SUJET ET OBJET : COMMENT LIER LA PENSÉE AU MONDE

La conscience, socle indiscutable de toute pensée, est à la fois point de départ et point d'arrivée dans son investigation et, à ce titre, elle pose quelques difficultés de taille pour les philosophes de l'esprit. En effet, comment atteindre le noyau dur de la nature de la conscience sans s'égarer dans les méandres de la circularité subjective du moi qui pense ? Une possible stratégie c'est d'utiliser justement *la pensée* comme support d'investigation. On constate alors que de *sujet* de l'expérience, la conscience peut devenir *objet* de la pensée. Cette stratégie repose sur la distinction sujet/objet et son corollaire adjacent subjectivité/objectivité dont nous allons très brièvement ponctuer dans ce qui suit quelques aspects clé. Ce bref détour, loin d'être exhaustif, nous permettra toutefois de mieux saisir la subtilité et l'importance des enjeux philosophiques contenus dans l'analyse sartrienne de la nature de conscience de soi.

Il est difficile, voire illusoire, de fixer une date, un auteur ou un ouvrage à l'origine de la bipartition sujet/objet et subjectivité/objectivité dans l'histoire de la philosophie. On constate cependant que depuis que l'aventure philosophique a pris son essor dans l'Antiquité Grecque, une des principales préoccupations des philosophes de toutes époques a été celle de trouver une solution satisfaisante à ce qu'on appelle « le problème du monde extérieur » : comment relier la pensée du sujet au monde des objets ? Comment la subjectivité de l'être pensant arrive-t-elle à atteindre l'objectivité du réel ? Comment garantir que cette subjectivité n'influence pas la saisie objective des choses en tant que telles ? Et surtout, comment s'assurer que notre existence n'est pas un rêve éveillé, ou pire, une illusion, un théâtre de marionnettes manipulées par un malin génie ? Tous ces questionnements reposent sur l'adoption tacite d'un contraste entre l'existence d'une subjectivité intérieure (immatérielle) et une objectivité extérieure (matérielle). Dans ce contexte, la philosophie cartésienne opère une véritable révolution : l'être humain, dit Descartes, étant naturellement et universellement doué de bon sens, peut soumettre ses idées et opinions au doute le plus profond et radical, afin d'en tirer au moins une certitude objective inébranlable, *je pense donc je suis*[1]. Descartes balaye ainsi, d'un seul geste, toutes les difficultés liées à une fondation *extérieure* de la vérité objective : l'objectivité peut dorénavant reposer sur la pensée seule qui devient ainsi son propre support ontologique. Certes, Descartes ne pouvait pas ignorer que l'ancrage des certitudes dans l'introspection immédiate du *cogito* soulèvera au moins une difficulté[2] redoutable, à savoir celle d'établir

1. R. Descartes, *Discours de la méthode, op. cit.*, p. 127-128.
2. Pour une discussion plus détaillée, voir P. Guenancia, *L'intelligence du sensible – essai sur le dualisme cartésien*, Paris, Gallimard, 1998.

comment une entité immatérielle arrive à communiquer ses prescriptions à une entité matérielle. Autrement dit, quel est le liant miraculeux qui raccorde ces deux ordres ontologiques distincts ? Comme l'a relevé P. Engel, « la redistribution des rapports entre l'esprit et le corps place l'âme dans une position séparée : elle cesse d'être la «forme» et la propriété du corps pour devenir substance. La sphère du sujet devient dissociée de celle des choses matérielles »[1]. Le dualisme cartésien n'est en quelque sorte qu'une conséquence directe du clivage pensée/ monde dont il hérite sans le remettre en question, et qu'il défend jusqu'au bout, même s'il doit y sacrifier l'hypothèse inélégante de la glande pinéale. Ce que l'on a appelé par la suite le grand schisme cartésien corps/ esprit intervient donc à la suite de l'introduction d'une scission ontologique à l'intérieur même du domaine du sujet. C'était, en quelque sorte, le prix à payer pour avoir rattaché les fondements des certitudes inébranlables à l'introspection intrinsèque du *cogito*.

Pour mesurer l'impact de cet héritage sur la pensée philosophique occidentale, il suffit de se rappeler que lorsqu'un empiriste comme J. Locke compare l'esprit à une feuille blanche sur laquelle l'expérience grave les impressions sensibles, il présuppose, implicitement, que ce même esprit est non seulement vide, mais aussi *séparé*, de par sa « nudité » initiale, du monde matériel, dans lequel les sens puisent, comme dans une source inépuisable, la diversité de ses données. Certes, l'empirisme de Locke met l'accent avant tout sur la primauté de l'expérience sensible en tant que source effective de connaissance,

---

1. P. Engel, *Philosophie et psychologie*, Paris, Gallimard, 1996, p. 27.

et non pas sur la raison. Cependant, et même s'il admet que toute connaissance doit s'appuyer sur les données des sens, il reste tributaire à cet héritage dichotomisant : pensée d'une part, monde de l'autre.

C'est donc la recherche de ce « ciment » liant l'immatérialité de la pensée à la matérialité du monde qui hantera la philosophie à la fois du rationaliste Descartes et de l'empiriste Locke. C'est là qu'il faut chercher le socle commun de leurs préoccupations, à savoir dans l'idée tacite d'une séparation nette, entre l'immatérialité de la pensée et la matérialité du monde. Plus tard, dans son ambition fondamentale de fournir un système explicatif universel, englobant à la fois l'expérience sensible et l'ensemble des lois logiques rationnelles, la philosophie kantienne tranche de façon radicale avec ses prédécesseurs, et assume pleinement le clivage explicite entre la chose-en-soi (l'objet, la matérialité) et l'entendement (le sujet, l'immatérialité). Ce faisant, il ravive l'ancien problème cartésien de la « communication » des substances, sauf que cette fois-ci sous une forme déguisée, sur le versant épistémique : car il ne s'agit plus de faire communiquer la chose pensante avec la chose étendue comme chez Descartes, mais d'attacher les formes pures de l'entendement aux formes sensibles des objets. La solution que le philosophe de Königsberg propose est, comme il l'avoue lui-même, « extravagante et absurde »[1] au premier abord : « L'entendement – affirme Kant – est lui-même une législation pour la nature. (...) les phénomènes comme

1. E. Kant, *Critique de la raison pure*, trad. fr. A. Tremasaygues, B. Pacaud, 3ᵉ éd., Paris, P.U.F., 1990, p. 143.

tels ne peuvent pas avoir lieu en dehors de nous, mais ils n'existent comme tels que dans notre sensibilité » [1].

Il va de soi que la législation ordonnatrice de notre intellect n'est pas isolée, coupée du monde extérieur. Les deux termes extrêmes – insiste Kant – c'est-à-dire la sensibilité et l'entendement, doivent nécessairement s'accorder grâce à cette fonction transcendantale de l'imagination, puisqu'autrement tous deux donneraient sans doute des phénomènes, mais ne donneraient pas d'objets d'une connaissance empirique, ni, par la suite, d'expérience :

> La manière dont le divers de la représentation sensible (l'intuition) appartient à une conscience, précède donc toute connaissance de l'objet, comme étant la forme intellectuelle, et constitue même une connaissance formelle *a priori* de tous les objets en général, en tant qu'ils sont pensés (les catégories). La synthèse de ces objets par l'imagination pure, l'unité de toutes les représentations par rapport à l'aperception originaire, *précèdent toute connaissance empirique* [2].

Nous n'avons pas l'intention de reprendre ici en détail toutes les subtilités de la philosophie kantienne qui sont d'une redoutable difficulté. Notons seulement que lorsque le philosophe de Königsberg aborde à son tour la question de « l'accord entre deux extrêmes » [3], à savoir le problème du raccordement entre les catégories prédéfinies de l'entendement et l'application aux intuitions sensibles afin d'en extraire la connaissance d'un objet empirique, il fait appel au concept crucial de « schème transcendantal ».

---

1. *Ibid.*, p. 142.
2. *Ibid.*, p. 146. Nous soulignons.
3. *Ibid.*, p. 139.

Or c'est justement la coexistence hétérogène, au sein des structures de l'entendement humain, des concepts purs d'un côté, et des intuitions sensibles d'un autre, qui pose de redoutables difficultés. Kant finit d'ailleurs par admettre, un peu à contrecœur, que « ce schématisme de notre entendement, relativement aux phénomènes et à leur simple forme, est *un art caché dans les profondeurs de l'âme humaine* et dont il sera toujours difficile d'arracher le vrai mécanisme à la nature, pour l'exposer à découvert devant les yeux. »[1] Cette formulation, aussi vague qu'embarrassée, montre à quel point la question du raccordement entre la pensée et le monde reste problématique. Car s'il est relativement facile de montrer que la législation catégorielle du schème conceptuel de « triangle » est intelligible en vertu de sa forme pure, il est évident que cette même manœuvre ne va pas de soi dans le cas des schèmes conceptuels applicables aux objets contingents qui peuplent notre univers familier.

Retour à l'expérience : conscience « de » soi

La tradition phénoménologique apporte un éclairage différent à ce vieux problème philosophique. Au lieu de prendre comme support de départ la *raison pure*, il s'agit de revenir à la structure de l'*expérience consciente* afin de reconsidérer la relation entre le sujet et l'objet, entre la pensée et le monde. Comme l'a souligné E. Husserl, « Kant tombe d'emblée dans le sillage de la théorie métaphysique de la connaissance, étant donné qu'il vise à un « sauvetage » critique des mathématiques, de la science de la nature et de la métaphysique, avant même

---

1. E. Kant, *Critique de la raison pure*, *op. cit.*, p. 153. Nous soulignons.

d'avoir soumis la connaissance comme telle, la sphère totale des actes dans lesquels se réalisent l'objectivation prélogique et la pensée logique, à l'élucidation d'une analyse d'essence et d'une critique, et avant d'avoir ramené les concepts et leurs lois logiques primitives à leur origine phénoménologique » [1].

Dans le texte exposé ci-dessus, Sartre contraste la conscience de soi et la connaissance de soi. Il commence par souligner que même si la conscience est indispensable au savoir, il s'agit là de deux phénomènes radicalement distincts. En effet, il est important de noter qu'à la différence de ses prédécesseurs comme Descartes et Kant, Sartre remet en question la nécessité même d'une médiation entre la conscience et le monde. Pour Sartre, cette relation est directe, immédiate. Aucune étape intermédiaire, aucun véhicule transportant des données sensorielles n'intervient dans cet échange afin d'apporter au sujet conscient le monde environnant. Pour étayer cette hypothèse ingénieuse, Sartre propose de repenser la nature même de la conscience. Il est vrai, dit-il, que la conscience est toujours dirigée vers quelque chose, et que toute conscience est d'une certaine manière « conscience de quelque chose ». Mais, souligne Sartre, cette forme de conscience dirigée vers l'extérieur n'est pas la forme la plus primitive de conscience, car toute conscience de quelque chose est nécessairement sous-tendue par une conscience « de » soi, sous peine de tomber dans l'inconscient. Le « de » est mis entre parenthèses ici pour indiquer que le « soi » n'est pas un « quelque chose » vers lequel la conscience est dirigée. Nous ne sommes

---

1. E. Husserl, *Recherches logiques*, t. 3, trad. fr. H. Élie, A. L. Kelkel, R. Schérer, Paris, P.U.F., 1974, p. 242.

pas conscients « de » soi de la même manière dont nous sommes conscients de quelque chose comme un escalier. La conscience « de » soi est la forme primordiale de la conscience, sans laquelle aucune autre « conscience de quelque chose » ne serait possible. La nature même de la conscience est d'être conscience de soi, implicite, préréflexive et à l'intérieur de cette forme de conscience il n'y a pas de distinction sujet/objet. Comme l'écrit Sartre ailleurs :

> Le type d'existence de la conscience c'est d'être conscience de soi. Et elle prend conscience de soi en tant qu'elle est conscience d'un objet transcendant. (...) l'objet est en face d'elle avec son opacité fondamentale, mais elle, elle est purement et simplement conscience d'être conscience de cet objet, c'est la loi de son existence. Il faut ajouter que cette conscience de conscience – en dehors des cas de conscience réfléchie sur lesquels nous insisterons tout à l'heure – n'est pas positionnelle, c'est-à-dire que la conscience n'est pas à elle-même son objet. (...) Nous appellerons cette conscience de conscience de premier degré ou irréfléchie. Nous demandons : y a-t-il place pour un Je dans une pareille conscience? La réponse est claire : évidemment non [1].

Sartre introduit la distinction entre la conscience positionnelle et non-positionnelle. Selon lui, toute conscience dirigée vers un objet/état (qu'il soit mental ou matériel) est positionnelle : je peux situer un objet en fonction de *mon* expérience consciente. En revanche, la conscience de soi préréflexive est non-positionnelle : le « je » sous-tend implicitement toute forme de conscience.

---

1. J-P. Sartre, *La Transcendance de l'Ego... op. cit.*, p. 98.

Pour revenir à l'exemple de la chute dans l'escalier présenté dans l'introduction de ce livre, la perception visuelle de la balustrade, la sensation tactile de la froideur des marches en pierre, ou la perception auditive des cris des témoins, bref, toutes ces facettes sensorielles forment l'expérience consciente de ma chute. Mais il est important de souligner que toutes ces expériences sont structurées à partir du point de vue en première personne, du « moi/je ». Elles sont données essentiellement à moi comme *miennes*. Il se peut, par exemple, que je sois confortablement installé dans mon lit et que je fasse un cauchemar au lieu de réellement tomber. Mais indifféremment de la nature des objets intentionnels (réels ou fictionnels) vers lesquels ma conscience est dirigée, mon *expérience* consciente reste intrinsèquement attachée à un « je » sous-jacent, implicite, préréflexif. Être conscient d'un objet (l'escalier) sans être par là même conscient du fait d'être dans cet état de conscience serait impossible. Et même si la propriété d'être conscient de soi est une propriété indissociable de la propriété d'être conscient d'un objet (l'escalier) ou d'un événement (la chute), il convient de distinguer entre ces deux formes de conscience.

Deux formes de « je » – comme sujet et comme objet

Il est important, à ce stade de notre discussion, d'introduire une distinction supplémentaire. La conscience, nous l'avons vu, ne peut pas se diriger vers les objets sans être par là même sous-tendue par une conscience implicite, préréflexive, de soi. Cependant, cela ne veut pas dire que la conscience ne peut pas se prendre soi-même comme objet intentionnel de la réflexion. Pour revenir à l'exemple mentionné plus haut, je peux – si je possède assez de sang-froid – me détacher mentalement de mon expérience immédiate de la chute et devenir conscient du fait que c'est *moi* qui a peur. La conscience de soi devient alors connaissance réflexive de soi. Comme le relève B. Longuenesse[1], une comparaison avec la célèbre distinction wittgensteinienne[2] entre le « je » « comme sujet » et le « je » « comme objet » peut se révéler utile pour saisir l'enjeu de cette distinction. Prenons les énoncés suivants :

1) J'ai mal aux dents.

2) Je suis grande sur cette photo.

Selon Wittgenstein, lorsque je suis dans un état mental donné (ici, de douleur), il n'y a pas de sens à demander « qui » est le sujet de l'état mental dont je suis conscient. On dit alors, suivant l'expression intronisée par S. Shoemaker[3], que le sujet est *immunisé contre l'erreur d'identification* et que le soi impliqué dans la conscience de soi ainsi immunisée n'est pas l'objet identifiable de la conscience, mais son *sujet*. En revanche, le « je » dans la proposition « Je suis grande sur cette photo » est sujet à une possible identification (correcte ou erronée). En effet, contrairement à ce que je crois percevoir, il se peut que ce ne soit pas moi, mais ma sœur, qui figure sur cette photo. En s'appuyant sur une analyse sémantique de la référence du mot « je »,

1. B. Longuenesse, « Self-Consciousness and Self-Reference : Sartre and Wittgenstein », *European Journal of Philosophy* 16, 2008, p. 1–21

2. L. Wittgenstein, *Le Cahier bleu et le Cahier brun*, trad. fr. M. Goldberg, J. Sackur, Paris, Gallimard, 1996.

3. S. Shoemaker, « Self-Reference and Self-Awareness », *Journal of Philosophy* 65, 1968, p. 555-567. Voir également J. Proust, « La pensée de soi » dans Y. Michaud (dir.), *Qu'est-ce que la vie psychique ?*, Paris, Odile Jacob, 2002, 121-140.

Wittgenstein nous attire l'attention sur un phénomène très intéressant qui caractérise l'expérience consciente du « je » : le je expérientiel est intrinsèquement enchâssé dans toute expérience. De son côté, et en s'appuyant sur une analyse phénoménologique de l'expérience consciente, Sartre attire l'attention sur un phénomène similaire : il existe un type de conscience de soi primitive qui ne se prend pas elle-même comme objet intentionnel. On appelle ce type de conscience, conscience préréflexive ou non-réflexive car elle n'est pas dirigée vers soi à la manière dont la conscience peut se diriger soit vers un objet physique extérieur comme l'escalier, par exemple, soit vers soi-même comme un objet instancié, individué parmi d'autres : le soi perçu dans un miroir ou sur une photo, etc. S'il est vrai que le sujet peut être donné comme objet – lorsque je vois mon visage dans le miroir ou je me rappelle la chute dans l'escalier – le sujet est aussi et simultanément donné comme sujet, comme le sujet qui voit ou qui a éprouvé la douleur de la chute. C'est précisément sur cet aspect qu'insiste Sartre : la conscience de soi implique l'enchâssement du sujet comme sujet de l'expérience *dans* l'expérience même, et cela indifféremment de la présence ou de l'absence du sujet positionné en tant qu'objet de réflexion. Le soi dans ce type de conscience de soi préréflexive n'est pas « un objet pour un sujet » et il n'y a pas de sujet transcendant derrière la conscience. Pour reprendre l'expression sartrienne, « il y a uniquement, et de part en part, conscience »[1].

---

1. Cf. *infra*, p. 106.

Conscience préréflexive corporelle

Comme nous l'avons indiqué ailleurs[1], il est possible d'aller encore plus loin dans l'analyse critique de la conscience de soi et de ses formes primitives. Un point important concerne l'utilisation même du critère « réflexif/préréflexif » dans la caractérisation de ce phénomène. En effet, si l'on prend comme point de départ la capacité de réflexivité du mental, il y a le risque d'omettre un aspect crucial du vécu de l'expérience, à savoir son aspect *corporel*. S'il est vrai que toute conscience dirigée vers des objets intentionnels est sous-tendue par une conscience de soi implicite, il est capital de rappeler que cette forme préréflexive de conscience de soi puise ses racines dans son substrat corporel : pour paraphraser une expression sartrienne, la douleur de dos (suite à la chute dans l'escalier, par exemple) *est* le dos lui-même en tant que vécu douloureusement[2].

Le corps, bien qu'il soit lui-même une entité matérielle identifiable parmi tant d'autres objets, il possède un statut radicalement différent par rapport aux autres objets matériels. Cet aspect a été souligné notamment par le phénoménologue français M. Merleau-Ponty : « j'observe les objets extérieurs avec mon corps, je les manie, je les inspecte, j'en fais le tour, mais quant à mon corps je ne l'observe pas lui-même : il faudrait, pour pouvoir le faire, disposer d'un second corps qui lui-même ne serait pas observable. (…) En tant qu'il voit

---

1. A. Ciaunica, « Basic forms of pre-reflective self-consciousness : a developmental perspective » *in* S. Miguens, G. Preyer, C. Bravo (eds), *Pre-reflective Consciousness : Sartre and Contemporary Philosophy of Mind*, London, Routledge, 2015.

2. J.-P. Sartre, *L'Être et le Néant*, Paris, Gallimard, 1943, p. 18-20.

ou touche le monde, mon corps ne peut donc être vu ni touché ».[1] Le corps se présente phénoménologiquement de manière préréflexive[2] et à ce titre il est intimement lié aux formes implicites de conscience de soi. Plus récemment, S. Gallagher a proposé de distinguer entre l'image corporelle et le schéma corporel. Ce denier n'est pas accessible explicitement à la conscience, mais sa présence rend la perception et l'action corporelle possible. En revanche, l'image corporelle est le corps en tant qu'objet de conscience. Dirigée explicitement vers le corps, la conscience nous fournit ainsi une image du corps. Cette distinction semble être corroborée par des observations expérimentales dans le cas de certaines pathologies. Par exemple, les patients désafférentés[3] se montrent incapables de pointer avec leur doigt l'endroit du corps où l'on a délivré une stimulation thermique. En revanche, ils se révèlent capables d'indiquer, sur une image de leur corps (une photo, par exemple) la localisation de la même stimulation thermique. Cela semble indiquer qu'il existe une différenciation entre ces deux manières de se rapporter au soi corporel. L'importance du corps dans l'investigation des formes primitives de conscience de soi a pris de nos jours un important essor, suite à de

---

1. M. Merleau-Ponty, *Phénoménologie de la Perception*, Paris, Gallimard, 1945, p. 107-108.

2. Voir S. Gallagher, « Lived body and environment », *Research in Phenomenology* 16(1) : 139-170 (1986).

3. Le terme « afférent » désigne les signaux qui arrivent à un organe, tandis que le terme « efférent » désigne les signaux qui sortent d'un organe. La désafférentation désigne ainsi le trouble des signaux afférents.

nombreuses recherches se concentrant autour de la nature du soi incarné (*embodied self*)[1].

Les bébés sont-ils conscients de soi?

Les enjeux de la distinction proposée par Sartre dans ce texte sont d'une importance capitale dans les recherches contemporaines, surtout lorsqu'il s'agit d'établir si des individus incapables de se positionner eux-mêmes en tant qu'objets de la conscience réflexive – comme les nourrissons, par exemple – sont conscients de soi ou non. En effet, certains philosophes contemporains[2] ont défendu l'idée selon laquelle un sujet est conscient de soi uniquement s'il maîtrise le *concept* de soi à travers la constitution des représentations plus ou moins véridiques de ses propres attributs physiques et psychologiques. Autrement dit, s'il arrive à se *concevoir* en tant que soi, en utilisant par exemple le pronom « je » pour se référer à soi, ou en maîtrisant les concepts de « moi/je ». Or, dans la mesure où le bébé ne peut pas former une représentation mentale de lui-même, il ne peut ni se voir ni se concevoir séparément de son environnement social immédiat. Cela revient à dire que le bébé n'a ni conscience de soi séparé, ni représentation de soi distincte de l'autre. Pour ces auteurs, de tels sujets dotés d'états de conscience

1. Voir F. Varela, E. Thompson, E. Rosch, *L'inscription corporelle de l'esprit. Sciences cognitives et expérience humaine*, Paris, Seuil, 1999. Voir également T. Fuchs, H. Sattel, P. Henningsen, (eds), *The Embodied Self*, Stuttgart, Schattauer, 2010.

2. Voir P. Carruthers, *Language, Thoughts and Consciousness. An Essay in Philosophical Psychology*, Cambridge, Cambridge University Press, 1996. Voir également D. Dennett, « Conditions of personhood », *in* A. Rorty (ed.) *The Identities of Persons*, Berkeley, University of California Press, 1976, p. 175–196.

perceptuelle ou primitive – comme les nourrissons et certains animaux – ne sont pas à proprement parler « conscients de soi », bien qu'ils aient un analogue non-conceptuel de la conscience de soi comme le « sentiment de soi » ou le « schéma corporel ».

De nos jours, de nombreuses études expérimentales [1] contemporaines suggèrent qu'il existe, dès le début de la vie, une forme primitive de conscience de soi qui consiste dans une perception différenciée, par le nouveau-né, des sensations qui proviennent de son propre corps de celles qui proviennent de l'extérieur. Il est important de souligner que le nourrisson est très tôt capable de distinguer entre la perception consciente d'un objet et la perception consciente d'une personne (sujet) avec laquelle il peut communiquer. Les bébés montrent une préférence nette pour la perception des visages et sont même capables d'imiter certaines expressions faciales. Or, pour pouvoir partager une expression communicative avec ses proches, le nourrisson doit posséder deux compétences : a) avoir des rudiments d'une conscience individuelle – le proto-soi subjectif; b) adapter et ajuster sa propre subjectivité à la subjectivité des autres. On appelle ainsi *intersubjectivité primaire* [2] la capacité de communication du nourrisson qui déclenche la conscience initiale du soi

1. Voir P. Rochat (ed.) *Early Social Cognition : Understanding Others in the First Months of Life*, London, Lawrence Erlbaum Associates Publishers, 1999. Voir également F. Clément « La conscience plurielle. Les formes de la conscience au cours du développement » dans F. Pons, P.-A. Doudin (éd.), *La conscience chez l'enfant et chez l'élève*, Québec, Presses Universitaires du Québec, 2007.

2. Voir C. Trevarthen, « The self born in intersubjectivity : An infant communicating » *in* U. Neisser (ed.) *The Perceived Self : Ecological and Interpersonal Sources of Self-Knowledge*, New York, Cambridge University Press, 1993, p. 121-173.

et de l'autre. Actuellement, la recherche sur la conscience innée qu'a le nourrisson des autres, ainsi que l'intérêt pour les motivations et les émotions qui animent la conscience de soi et de l'autre chez l'être humain et les animaux revient sur le devant de la scène. Cet intérêt scientifique s'appuie sur des découvertes en neuropsychologie, en physiologie comparative du cerveau, et sur des études comportementales qui montrent qu'ensemble, les « images motrices » et les émotions, ont un rôle fondamental dans l'émergence de l'imitation réciproque ou de la « conscience en miroir » de l'autre. Comme le souligne J.J. Gibson [1], en effectuant un contrôle prospectif du mouvement, et en adaptant son comportement à l'environnement immédiat, l'animal met l'existence de sa conscience en évidence. Traditionnellement, dans leurs approches abstraites de la nature et les origines de la « subjectivité » ou sur la « conscience de soi », les philosophes ont développé une multitude de théories rivales. Actuellement, comme le soulignent C. Trevarthen et K.J. Aitken,

> l'observation précise des activités spontanées, des mouvements orientés, de la conscience préférentielle, des discriminations subtiles entre les expressions émotionnelles et des réponses contingentes au comportement de l'autre personne peut résoudre l'énigme. En fait, il y a beaucoup de signes dans le comportement spontané du nouveau-né en faveur d'un état psychologique bien intégré – de subjectivité et d'intersubjectivité.

---

1. J.J. Gibson, *The Ecological Approach to Visual Perception*, Boston, Houghton, Mifflin, 1979.

Au cours du siècle dernier, il a été mis en évidence de plus en plus d'arguments en faveur de l'existence de capacités innées comportementales et perceptives chez le nourrisson [1].

Ces recherches de la psychologie développementale corroborent ainsi la conception sartrienne selon laquelle il existe une forme de conscience « de » soi préréflexive qui est la base même de l'expérience consciente.

---

1. Pour une discussion plus détaillée, voir C. Trevarthen et K. Aitken, « Intersubjectivité chez le nourrisson : recherche, théorie et application clinique », *Devenir* 2003/4 vol. 15, p. 354.

TABLE DES MATIÈRES

QU'EST-CE QUE LA CONSCIENCE ?

TEXTES ET COMMENTAIRES

Achevé d'imprimer par Corlet Numérique - 14110 Condé-sur-Noireau
N° d'Imprimeur : 136032 - Dépôt légal : février 2017 - *Imprimé en France*